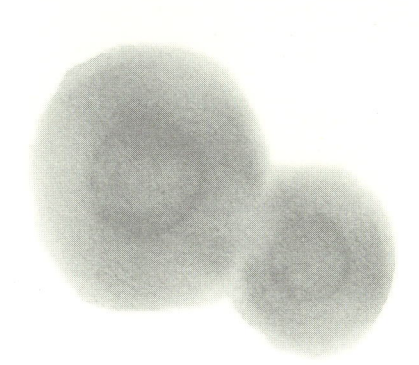

古代中国における
儒の思想と
道の思想

鳥谷部 平四郎 著

大学教育出版

古代中国における儒の思想と道の思想

目　次

2

序　章　中国の歴史 ……………………………………………… *7*

第Ⅰ部　儒の思想 …………………………………………… *17*

第1章　『論語』 ……………………………………………… *21*
1.　孔子という人物　*21*
2.　『論語』の構成と内容　*23*
3.　孔子の思想の特色　*27*
　　（1）　仁　*28*
　　（2）　教育者としての孔子　*31*
4.　批評　*32*

第2章　『大学』 ……………………………………………… *34*

第3章　『中庸』 ……………………………………………… *42*

第4章　『孟子』 ……………………………………………… *49*
1.　孟子という人物　*49*
2.　『孟子』の内容　*49*
3.　批評　*58*

儒の思想のまとめ ………………………………………………… *60*

第Ⅱ部　道の思想 …………………………………………… *63*

第5章　『老子』 ……………………………………………… *65*
1.　老子という人物　*65*

2.　『老子』の構成と内容　　*67*
　　3.　批評　　*74*

第6章　『列子』 ……………………………………………… *76*
　　1.　列子という人物　　*76*
　　2.　『列子』の構成と内容　　*76*
　　3.　批評　　*85*

第7章　『荘子』 ……………………………………………… *87*
　　1.　荘子という人物　　*87*
　　2.　『荘子』の構成と内容　　*87*
　　3.　批評　　*101*

道の思想のまとめ …………………………………………… *102*

あとがき ……………………………………………………… *106*

古代中国における儒の思想と道の思想

序章
中国の歴史

　人類（原人）がこの地上に現れたのは、アフリカ大地溝帯において、600万年から400万年前といわれる。その人類（原人）が現代人（ホモ・サピエンス・サピエンス）に直接に進化したのではない。原人が何らかの理由で滅んだ後、今から約20万年前にこの地上に現れたのが、旧人で現代人の先祖であるといわれる。生物学的視点から見るならば、母方からのみ受け継がれるミトコンドリアの遺伝子を遡っていくならば、約20万年前のミトコンドリア・マザー行き着くということから、このことが証明されるという。このことは信用するに足りるものであるかどうかは著者にはわかりません。

　ジャワ原人という術語と同様に、北京原人という術語があるように、中国には長い歴史があることは確かである。しかし現代の中国人の出所に関しては明確に統一された認識はなく、中国人の祖先は西から、つまりエジプトもしくはメソ・ポタミアからまた中央アジアから東へ、つまり中国へ来たという3つの説がある。また中国人は漢民族であるといわれる。その漢民族といわれる人々が東へ移住して来たときは、すでに先住民（例えば、苗族）がいたといわれている。中国の歴史を研究すると、中国のまわりには、東夷、西狄、北狄、南蛮（苗族もその一部族）と呼ばれた未開人がいたことが理解される。これらの未開民族に関してはほとんど知られていないので、漢民族のことも十分に解明されていないのである。この人々が中国に侵入してきて、征服王朝を創って中国を支配したことはよく知られている。例えば、五胡十六国の時代には、漢民族の王国は3つにすぎず、他の13国は、匈奴、鮮卑、チベット族の王国であった。この人々は中国の地に王朝を創り、漢民族を真似た、例えば、漢民

族風の名前をつけたこともよく知られている。漢民族の人々は、このような未開人の行為をきらって、自分たちを中国の中の中国、つまり黄河一帯と長江（揚子江）一帯の間における人々を中華人と呼んだのである。中華人とはまわりの人々よりも文化的に優れているという意味であろう。しかし特別の根拠があるとは考えられない。この意味で、現代の中国における「漢民族」とは定義上まったく不明であり、人類の歴史に与えた影響の大きさや功績を考えるならば、「中華人民」とか「中国人」と呼ぶのが最も妥当であろう。要するに、現在の中華人民共和国の支配権がおよぶ地域に住んでいる人々と、個人（外国に住んでいる人々、つまり華僑）が自分を中国人と認識している人々を中国人として、または中華人民として承認する以外に方法はないのである。

　我々日本人が約6〜4万年前ごろからこの地に移住してきたといわれるが、本当のことは不明である。しかし、この地に3つの方向から、つまり北方、朝鮮半島、南方から移住して来て、この島に定住したのが、我々日本人の祖先であるといわれる。我々日本人は中国人にとっては、海の向こうの東夷にすぎなかった（『魏志』の「倭人伝」）。我々日本人が中国人にとって普通の人間となったのは隋の時代であろう。中国の歴史を概観することにしよう。歴史を理解するため、我々は普通便宜上、古代・中世・近代・現代という術語を使用するのであるが、ここでは使用しない。

　中国人は、裏にどのような意向があるにしても、世界の中で最も歴史を大事にする民族である。紀元前9世紀の前半から歴史の記述は途絶えたことがないのである。つまり前の王朝の歴史を後の王朝が記述し（必ずしも現在の王朝がある人に依頼し前の王朝の歴史を記述させるのではなく、任意に記述し現在の王朝に取り入ろうとする人々がおり、ある王朝に関する歴史が複数存在することも珍しくはないのである）、それを「正史」とした。現在「正史」と呼ばれるものが、25史ある。その中で最もよく知られているものは、司馬遷の『史記』であろう。

　中国の伝説によれば、伏羲（ふっき）という人が網を作って漁業を人々に教え、神農（しんのう）は鋤（すき）をつくり農業を教え、医薬を発明し、さらに市場でものを売る、つまり物々交換することを教えた。続いて黄帝が出現する。この黄帝は中国人にとっては

文化の創始者であり、最初の権力者であり、臼をつくり、米を精米し、船をつくり、穴の中から、つまり穴居生活をやめ、外に出て家をつくったのである。黄帝の臣下に蒼頡（そうけつ）という人がおり、文字をつくった。この黄帝の時代に、医術、方術（仙人になるための方法）、老荘思想の源（つまり黄老の思想という）となった倫理思想などが起こった。黄帝の後、小昊（しょうこう）、顓頊（せんぎょく）、帝嚳（ていこく）を経て、後の世に理想的皇帝として尊敬された堯・舜・禹（う）がいるが、最後の禹は夏王朝の創始者とされている。夏王朝は伝説上の王朝なのか、実在した王朝なのかは結論が出ていない（ある説では、B.C.23世紀～B.C.18世紀まで実在したという）。殷王朝から中華人民共和国まで代表する王朝を挙げると次のようになります。

| ① 殷 | ② 周 | ③ 秦 | ④ 漢 | ⑤ 新 | ⑥ 漢 | ⑦ 三国時代 |

　上の王朝をできるだけ簡単に説明しようと思う。
① 殷（都を置いた場所にちなんで商ともいう）
　　紀元前1600年頃、夏王朝の桀（けつ）を倒して湯王が帝位に就く。紀元前1020年頃、紂王（ちゅう）が周の武王に殺され殷が滅びる。
② 周
　　周は武王から5代目の霊王までを西周といい、都は鎬京（こうけい）（今の西安）であった。紀元前770年に都を洛邑（らくゆう）（後の洛陽）に遷都し、東周と呼ばれた。東周の前半は春秋時代と呼ばれ、後半は戦国時代と呼ばれた。
　　東周は紀元前256年まで続いた。戦国時代の7国（秦・楚・燕・斉・韓・魏・趙）を7雄とも称し、秦が中国を統一するまでの紀元前221年まで続いた。なお、秦以外の6か国が秦に対して「合従（縦）連衡」という対抗策を採ったことは有名である。
③ 秦
　　紀元前221年に始皇帝（嬴政（えいせい））は全国を統一し、全国に36郡県制を敷き、度量衡などを統一した。
　　紀元前214年に匈奴の侵略に備えて万里の長城を築き始めた。長城の工事は戦国時代に始まったが、秦の時代に匈奴に備えて工事が始まり、明の時

代まで続いた。なお、匈奴は漢の時代に2度分裂して、消滅し、その末裔がフン族となって、4世紀にライン川付近まで侵略し、ゲルマン民族が移動する1つの原因となった。

紀元前213年に焚書(ふんしょ)（儒教の経典を燃やす）、紀元前212年に坑儒(こうじゅ)（儒学者460人を穴に生き埋めにして殺す）する。

紀元前206年に、秦は15年で滅びる。

④ 漢（前漢）

漢は前漢と後漢に分けられる。前漢の創始者は劉邦(りゅうほう)で、劉邦は楚の項羽(こうう)と同盟を結び、秦を倒した後、項羽を破り、紀元前202年に帝位に就き、長安（西安）を都とした。秦は法家の人々を、特に荀子の弟子であった李斯(りし)を用いて人々に厳しく対処したのが、しかし漢は法を簡略化し、人々に柔軟に対処した。前漢は紀元後9年まで続いた。

⑤ 新

紀元後9年に王莽(おうもう)が前漢の孺子嬰(じゅしえい)を廃して帝位に就くが、紀元後23年に王莽が敗死し、新が滅亡する。

⑥ 漢（後漢＝または東漢）

紀元後25年に劉秀(りゅうしゅう)が皇帝となり、洛陽を都とする。

100年に許慎(きょしん)が中国最初の辞書『説問解字』を著す。

105年に宦官の蔡倫(さいりん)が紙の製造方法を明かにする。

166年に「党錮の獄(とうこ)」、宦官たちが儒学者約200人を投獄し、権力を握る。

184年に道教（太平道・五斗米道）の指導者の張角、張衡、張魯らが「黄巾(こう きん)の賊」といわれる乱を起こすが、魏の曹操によって鎮圧される。この道教は老荘の思想と混同されがちであるが、太平道・五斗米道を唱えた人々は、集団をつくって活動した。老子や荘子は集団をつくったのではない。

飽くまでも個人として活動しました。太平道や五斗米道の人々は、老荘の著作を読むことを日課としたということは伝えられている。しかしながら老荘の思想とこの人々のいう道教とは違うのである。著者が、Ⅱ部を「道の思想」としたのが、このことを意識していたからである。

207年に劉備(りゅうび)が諸葛亮（孔明）を「三顧の礼」を尽くし、臣下とした。孔

明は天下三分の計を主張する。

208年に蜀の劉備と呉の孫権が同盟して魏の曹操に戦いを挑む（赤壁の戦い）。

220年に魏の曹操と曹丕(そうひ)（曹操の子）が献帝を廃し、後漢を滅ぼす。

⑦ 三国時代

この時代（魏）から隋までを六朝時代(りくちょう)ともいう。

魏の曹操、呉の孫権、蜀の劉備が鼎立(ていりつ)した時代であった。最終的には魏が覇者となった。

| ⑧ 晋 | ⑨ 南北朝時代 | ⑩ 隋 | ⑪ 唐 | ⑫ 五代十国の時代 | ⑬ 宋 |

⑧ 晋

魏の曹操に仕えた武将、司馬懿(しばい)の孫、司馬炎(しばえん)が、魏の元帝から帝位を奪い、魏を滅亡させる。都を洛陽とする。

310年に亀茲国(きじ)の僧侶、仏図澄(ぶっとちょう)（233〜348）が後趙(こうちょう)に入国する。つまり仏教の伝来である。

316年に愍帝(びん)が北漢の劉曜(りゅうよう)に捕らえられ、晋（西晋）が滅亡する。

318年に司馬懿の子孫の司馬睿(しばえい)が、帝位に就き、東晋を興し、南京を都とする。

363年に葛洪(かつこう)が、『抱朴子(ほうぼくし)』（神仙の術について述べている）を著す。

413年にインドの僧侶、クマラジーバ（鳩摩羅汁(くまらじゅう)）が大乗仏教の経典の1つである「法華経(ほけきょう)」を訳す。

⑨ 南北朝時代

この時代は、420年に東晋の恭帝が廃せられて滅亡し、589年までをいう。

この時代に現れた王朝は、北魏・宋・斉・周・梁・陳・隋などあり、隋の楊堅(ようけん)が南北を統一する。

⑩ 隋

589年に楊堅が南北（天下）を統一する。大興城（長安）を都とする。

楊堅の子煬帝(ようだい)は土木工事と外征を主要事として、また奢侈を好み、天下を

衰乱させた。

617年に李淵(りえん)が太原に挙兵する。

⑪ 唐

唐も隋も鮮卑族である。

618年に李淵が帝位につき、長安を都とする。李淵の次男、李世民が活躍する。

629年に玄奘（三蔵法師）がインドに赴き、645年に帰国する。

690年に3代目の高宗(こうそう)の妃、則天武后が4代目の中宗を廃して、政治の実権を掌握する。しかし705年に張柬之(ちょうかんし)が兵を挙げ、武后を退け、中宗が帝位に復帰する。

745年に玄宗が楊太真を貴妃（妾＝側室の中で最高位を表わす位名）とする。

この時代の特色としては、多くの詩人が活躍したことである（75頁参照）。

907年に朱全忠(しゅぜんちゅう)が唐の哀帝(あいてい)を廃し、唐を滅亡させる。

⑫ 五代十国の時代

この時代は907年から960年までをいう。

中原（中華）に、後梁・後唐・後漢・後周王朝が興り、他の地域には呉・南唐・前蜀・南漢・楚・荊南(けいなん)・呉越・閩(びん)・北漢などの王朝が興こった。

⑬ 宋

960年に趙匡胤(ちょうきょういん)が後周の恭帝を廃して帝位に就き、汴(べん)（開封）を都とする。

この時代に羅針盤、火薬が発明される。

1127年に金（ツングース系女真族、1234年モンゴル・南宋の合同軍に滅ぼされる）が、宋の徽宗(きそう)・欽宗(きんそう)・后妃以下3000人を捕らえて満州に連れ去り、宋（北宋）が滅亡する。同年、欽宗の弟、皇宗が南京にて即位し、宋（南宋）室を再興する。

1175年以降、朱子（朱熹）が活躍する。

1279年に南宋が滅亡する。

| ⑭ 元 | ⑮ 明 | ⑯ 清 | ⑰ 中華民国 | ⑱ 中華人民共和国 |

⑭ 元

　クビライが中国を統一する前、1274年に日本を攻めるが失敗する（文永の役）。

　1279年に中国を統一する。

　1281年に再び日本を攻めるが失敗する（弘安の役）。

　1368年に、順帝が大都（今の北京）を棄てて北へ去り、中国における元の支配が終焉する。中国では元の支配は100年足らずで終わったのであるが、元はヨーロッパの大航海時代に先立って南アジア、西アジア、アフリカと交易していた。またティムールの活躍やクビライ亡き後のキプチャック汗、イル汗、チャガタイ汗などのそれぞれの国が、西アジア、中央アジアにおいて果たした役割やインドのムガール帝国（ティムールの末裔で、5代目のバーブル Baber が創始者）のことを想起するならば、モンゴル人の歴史的功績が評価されてよい。

⑮ 明

　1368年に朱元璋(しゅげんしょう)が帝位に就き、南京を都とした。

　この時代は思想家としては王陽明がいるが、『三国志演義』、『西遊記』、『水滸伝』、『金瓶梅』などの小説が出版されている。唐の時代の詩と同じように、小説が出版されたことは注目に値する。というのは、小説は「とるにたらぬことを語る」人々の作品であるからである。中国では、それまで小説家という人々は軽蔑の対象であった。

　1644年に李自成が北京に入り、明の最後の皇帝毅宗(きそう)が自殺することによって明が滅亡する。

⑯ 清

　清は元と同じように征服王朝である。満州女真族である。1616年ヌルハチが部族を統一して、後金とするが、2代目の世祖（1638～1661）が李自成を破り、北京を都として中国に君臨した。清は1912年まで続くのであるが、現在の中華人民共和国の支配する版図(はんと)は清が獲得した領土である。よい

例として台湾が挙げられよう。しかし 1800 年以降はヨーロッパ先進国や日本の介入や干渉が盛んに行われた。日本との関係をいうならば、1894 年の日清戦争があった。

1911 年の辛亥革命によって、1912 年に宣統帝が退位して滅亡する。

⑰ 中華民国

1912 年 3 月、袁世凱(えんせいがい)が臨時大統領に就任する。

1919 年に五・四運動が起こり、反帝国主義（特に日本に対する）闘争が始まる。

1921 年に陳独秀や李大釗(りたいしょう)らが中国共産党を組織する。

1926 年に蒋介石が国民革命軍指令に就任し、以後中華民国の実権を握る。

1932 年に日本が満州国を建国する。

1935 年に毛沢東が中国共産党の主席に就任する。

1945 年に日本が敗北し、満州国が消滅した。

1949 年に国民政府軍が台湾に移転する。

⑱ 中華人民共和国

1949 年 11 月に毛沢東が主席に就任し、周恩来が総理に就任する。

1950 年に朝鮮戦争が勃発する。

1966 年に文化大革命が始まる。

1978 年に日中平和友好条約が締結される。

上述のように、ある国の歴史を簡略化して記述することは決して好ましいことではない。なぜならば、ある出来事は先立つ出来事とは決して無関係ではないからである。もちろん、自然現象から離れて、カントがいうように、自由と道徳に基づく出来事であれば別であるが、我々人間は肉体を有する限り、因果関係に支配される、つまり生きている時代と生活している場に影響される。さらにある出来事はどの方向から見られるかによっても違う。また見る人の意向が隠されているならば、同じ現象でありながら、まったく違う現象となるのである。

好ましいことではないと知りながらも、著者は中国の歴史を簡略化した。そ

の理由は中国の歴史の記述を目的としているのではなく、中国の人々の生き方を表現した偉人の思想の解明を目的にしているからである。思想を解明するための概略であっても、歴史を記述することが間接的に役立つと思ったからである。日本における大学生の知の低下が言い出されてからかなり時間が経っている。著者はまもなく還暦を迎えるが、先輩の先生方の知の豊かさには圧倒されて来た。先生と学生の間には超えることができない溝があるように思われるが、しかしながら、これは飽くまでも経験の積み重ねを必要とする学問においてであるが、そうではない学問には妥当しない。思想には経験を必要とする部分と必要としない部分がある。私は最初に中国の人々の歴史を概観することにし、それから思想を概観することにした。

第Ⅰ部

儒の思想

古代中国人にとって、世界は81州からなっていた。その中で中国は、つまり黄河一帯と長江一帯の間は9州（9丘ともいう＝冀・兗・青・徐・揚・荊・予・梁・雍）から成り立っていた。中国の中の中国は中華といわれる。それが黄河と長江の間の地域、中国の版図であった。しかし周知のように、征服王朝の1つである清王朝のときには、最も広い領地、すなわち版図を所有していたのである。したがって、漢民族を定義づけすることは不可能である。すべての民族に妥当することであるが、「あなたはドイツ人です」とか「あなたは日本人です」という背景には、「私はドイツ人です」とか「私は日本人です」という相手の承認が前提になって、「あなたはドイツ人です」とか「あなたは日本人です」ということが成り立つのである。かつての中国人、つまり紀元前の中国人を「中国人」呼んでよいものかどうかは疑問である。したがって、よく呼称されることであるが、伝統的に孔子は「魯」の人と呼ばれるのである。また屈原（B.C.343〜277年、『楚辞』の著者。後の文学や詩作に大きな影響を与えた）は「楚」の人と呼ばれるのであって、「中華人民共和国」の人とは呼ばれないのである。

　科学的事実であるが、人間の営みはすべて思想（脳の働き）に基づいている。我々現代人は、ホモ・サピエンス・サピエンスと呼ばれる。それは大脳皮質が他の生き物と比較すると極端に進歩し、割合が大きいことを根拠にしている。その結果として我々現代人は、大脳を媒介せずには如何なる行動もできないのである。我々の五感は、外から刺激されることによって働くのである（この意味において感覚は受動的である）が、しかしながら、その背景には積極的（自発的）に働く機能（例えば、視神経の能動性とか、蝸牛の能動性など）なくしては、見ることも聞くことも不可能である。つまり我々人間は大脳皮質の自発的作用に基づいて行動しているのである。脳の働きはいつでも自発的である。近年、脳生理学という学問はかなり進展し、我々の脳における記憶のされ方が解明されている。しかし記憶の再生のされ方がまったく解明されていない。素人の著者が言い得ることは、我々の脳の記憶はコンピューターと違って『いつでも、どこでも、同じもの』が再生されることはないということである。記憶は「その都度自発的に」創造されるということである。このことは記憶が

その都度誤差をもって想起されるということによって証明されるのである。脳の働きを欠くことは、ホモ・サピエンス・サピエンスであることを放棄することである。どんな些細なことであっても、我々現代人は脳を働かせることによって成し遂げるのである。換言すれば、「植物人間」という術語が脳の働きの重要性を裏打ちしているのである。

　我々日本人は、ヨーロッパにおいては、ヨーロッパの人々はキリスト教を基盤にして自由と平等を実現していると思っている。しかしこれは皮相的に見た場合のことである。ヨーロッパの社会は、インドのカースト制度ほどではないとしても、基本的には階級社会である。ヨーロッパにおける学校制度を見れば、このことがよく理解される。中国においてはヨーロッパにおけるよりも人間は形式的には平等であった一面があったのである。それは科挙制度であり、これは学力さえあれば、高級官僚になることができたのである。以上を飛躍させて、人間を考察するならば、次のようになる。つまり人間を理念という次元から見た場合は、「人間は平等である」。しかし現象という次元から見るならば、人間には能力の差があり、また成就されたものには必ず優劣があり、「人間は決して平等ではない」のである。

　中国人の伝統として人間を理念という視点から見ることはなかった。これは中国人には理念がなかったということではない。例えば、道の思想の「本体」という術語には形而上学的無制約者という意味が含まれているので、「中国人には理念がなかった」とはいえないのである。例えば、「形而上者謂之道」という術語がある。しかしプラトンのように、人間を決してイデアの似像（イマーゴ）と見なすことはなかった。より具体的にいうならば、中国人はプラトンのような二元論を採ることはなかったのである。中国人の二元論は、「理」にしたがっての「気」に基づいた「陰陽」の二元論である。「気」は現代風にいえば、素粒子である。その素粒子が「陰陽（－・＋）」という法則に従って「気が集まれば、ものが生成し、散れば、ものが消滅する」という。また中国人は「気を取り入れる」という表現に「気」の物質性を包含させている。

　今述べたように、中国人は人間を理念という次元で見たことはなく、すべて現象として、つまり能力差という観点から人間を見ている。例を挙げるなら

ば、人間を 10 種類に分類し、為政者は第一に分類され、法家・儒家・名家……・小説家というように序列化している。もちろん、これは固定したものではなく、分類する人によって、その都度変わるもの、また変わらなければならないものである。

　中国人の伝統的思想の基盤として孔子に基づく儒の思想が挙げられる。次に老子・荘子の道の思想（これは太平道・五斗米道とは違う）である。もちろん、第三の思想として仏教が挙げられるが、しかし中国人にとって仏教は新しい思想である。

　ここでは儒の思想と道の思想とに限定して考察し、著者の理解を紹介しようと思う。著者はここで儒の思想を朱子（朱熹　1130〜1200 年）に従って、四書（『論語』、『大学』、『中庸』、『孟子』）に限定する。

第1章

『論語』

　『論語』は孔子が自ら書いたものではなく、孔子の弟子または孫弟子たちがまとめたものであることはよく知られている。これは『論語』の文体「先生は〜いいました」ということからも判断される。朱子（朱熹）は四書のほかに「五経」〔またはゴキョウ：易・書・詩・礼・春秋＝五典ともいう。さらに「楽」を加えて六経ともいう〕も重要であるとする。「五経」は魯の、または周の大学の授業科目であった。孔子が次のようにいった。私は作ることなく、古典を尊んで昔の人々の意見をそのまま述べたに過ぎない。この言明から理解されることは、孔子は「五経」をよく勉強したらしく、木簡や竹簡を結んであった皮紐がしばしば切れたということである〔紙の製造方法が蔡倫によって完成されたのが西暦105年である。当時は木簡や竹簡のほかに帛（絹の布）があった〕。「先生は〜という」ということは、孔子が自分の思想を述べたということではなく、自分が学んだことを述べたに過ぎないと解釈されるが、しかしながら学んだことの中から想起し、「述べる」ということは自分の思想や意思を述べたと解釈してよいのである。もしそうでないとするならば、古典を「学び」、「習う」ことは模倣以上のものではなく、何の意味もないことになる。

1. 孔子という人物

　周の武王の弟、周公旦が任せられた領地、または邑（国）は魯であった。孔子の祖父孔防叔（父は叔梁紇といい、母は顔徴在といった）は殷の末裔の国であった宋の出身であった。孔子の本名は丘といい（当時は普通本名を公にしなかった）、字は仲尼といった。彼が生まれたのは周の春秋時代の紀元前552／

551年であり、479年に亡くなったといわれる。

　後世、偉大といわれた人は生まれたときはすでに非凡の人間であったといわれるのが普通である。孔子もその一人である。その孔子は幼少のころの遊びは祭りのときの容器を使用しながら祭りの真似事をしたりして、お辞儀して遊んでいたといわれる。成長してから、倉庫から穀物の出し入れを管理する下級役人となり、また家畜にかかわる役人となり、その仕事に励むと同時に、特定の先生には師事することはなかったが、勉学に励んだといわれている。わずか22〜23歳のとき、すでにたくさんの弟子がいたといわれている。というのは当時すでに学校（5〜6歳で小学に入学し、貴族の子弟や選ばれた者は15歳で大学に入学し、7〜9年間学んだといわれる）がなくなっていた。そこで勉強したいと思う者は誰かの下で授業料を払って学ぶ以外には方法がなかったのである。孔子は干し肉（束脩、10枚を束ねたもので、何の肉であったかは不明。中国では古代から六畜またはロクチク＝馬・牛・羊・豚・犬・鶏を家畜としていた）を教育の報酬として受け取ったといわれている。孔子が36歳のとき、魯の国が乱れ、魯の君主が斉の国に逃れたとき、孔子も逃れた。斉の君主（景公）が孔子に政治のあり方を尋ねた。君主は孔子の返答を聞き、孔子を家臣として抱えようとしたが、別の家臣に反対され、実現しなかった。しばらくした後、魯に用いられ表向きは司寇（法務大臣）となったが、内政および外交にもその手腕を発揮した。

　特記されることは、強国の斉の野望、魯を武力で征服しようとする野望を孔子は話し合いにおいて排斥することに成功した。また魯の家臣で名声のあった少正卯を、彼の言行が魯の社会を混乱させているという理由で処刑したといわれるが、これは事実かどうか確かではない。魯の国には、三桓（カン＝または三家、毛孫・叔孫・季孫）と呼ばれた有力な三貴族がいた。この三貴族の権力は強力なもので、王室は苦悩していた。そこで孔子はその力を削ごうとしたのであるが、逆に孔子は政争に敗れ魯を去ることになったのである。他国で仕官しようとしたのであるが、ついに用いられることはなかった。弟子たちとしばらく放浪した後、故国に帰り、経書、特に詩と春秋を整理し、紀元前479年に亡くなった。73歳であった。最初にも述べたように『論語』は孔子の手に

よって成り立ったものではなく、弟子または孫弟子たちによって成立したものであるがゆえに、孔子の思想や意思が100％反映しているのではない。たとえ100％反映しているとしも、時と空間（時代と場所）の状況が違うため、我々現代人がすべてを受け入れることができないことは当然である。しかし儒の思想が我々日本人の精神構造に深く浸透していることも事実であるから、ここで孔子の思想と意思を考察することはそれなりの意義があると思う。

2. 『論語』の構成と内容

『論語』には古くは三種類（古論語、斉論語、魯論語）あった。我々が現在論語の定本として手にするものは、後漢の張禹が編纂し、さらに同じく後漢の鄭玄（またはテイゲン）が編纂した『論語』である。ほかに注釈書と呼ばれるものはたくさんある。ここでは取り上げない。我々が目にする『論語』は20篇（学而篇に始まり、堯曰篇で終わる）から成り立ち、499章となっている。次に具体的に『論語』から引用するが、訳は新島淳良氏の訳を参照した。どの部分を引用するかは、著者の独断であるが、よく知られている箇所にしたつもりである。ただし著者が引用した箇所で『論語』（他の作品においても同じことである）をすべて理解したと思わないでいただきたい。飽くまでも著者の理解した限りでの『論語』であることを頭の隅において読んでくれることをお願いする次第である。

第1篇　学而篇　第1章
子曰、學而時習之、不亦說乎。有朋自遠方來、不亦樂乎、人不知而不慍、不之亦君子。
　先生は次のようにいいました。「学んだことをいつも繰り返すことによって理解が深くなれば、喜ばしいことである。思いがけなく遠方から友人が訪ねて来るならば、本当にうれしいことです。世間の人に評価されないとしても少しも腹を立てない。それこそ君子の心境です」。

第1篇　学而篇　第2章

有子曰、其爲人也、孝弟而好犯上者鮮矣。不好犯上而好作亂者、未之有也。君子務本。本立而道生。孝弟也者、爲仁之本與。

　有先生（有若）はいいました。「家で親を敬い、（また親族の中の）目上の人を引き立てる人なのに、外では（他人の）目上の人に逆らうというような人はまずいない。目上の人に逆らおうとしない人が、他方で反道徳的なことを行うということは絶対ない。皆さんは根本を理解し、育ててほしい。根本ができあがっていれば、道はおのずと開ける。親を敬い、目上の人を尊重するということは、仁の根本であるといってよいでしよう」。

第2篇　為政篇　第20章

子曰、吾十有五而志于學。三十而立。四十而不惑。五十而知天命。六十而耳順。七十而從心所欲、不踰矩。

　先生はいいました。「私は十五歳のとき、（先生を選んで）学び始めた。三十歳で一人立ちしました。四十歳で迷いを断ち、五十歳で天命を知った。六十歳で人の話を従順に聞くことができるようになり、七十歳になったあとは、好きなこと、何をやっても道徳に反するようなことはなくなった」。

第3篇　八佾篇　第49章

子曰、夏禮吾能言之、杞不足徵也。殷禮吾能言之、宋不足徵也。文獻不足故也。足則吾能徵之矣。

　先生はいいました。「私は夏の国の礼をもうすこし詳しく語りたいのですが、その末裔が支配する国は杞の国に残っているものは拠り所にならない。殷の礼をも、もう少し詳しく知りたいので、その後裔の国、つまり宋の国に残っているものも拠り所にはならない。書かれたものが余り残っておらず、昔の事を知る人も少ないからだ。もしできることなら、自分でそこへ行って詳しく調べてみたいものです」。

第4篇　里仁篇　第67章

子曰、里仁爲美。擇不處仁、焉得知。

　先生はいいました。「『仁者の住む里は美しい里』という言葉がある。仁者のいるところを選んでそこで生活する。これが知者の資格です」。

第5篇　里仁篇　第68章
子曰、不仁者不可以久處約。不可以長處樂。仁者安仁、知者利仁。
　先生はいいました。「不仁者＝不自由人は、長く節度ある生活に耐えることはできない。平安な生活に長く耐えることはできない。仁者＝自由人とは自由の境地に心しずかに生活できる者です。知者とは、自由のよさを知る者です」。

第5篇　里仁篇　第72章
子曰、我未見好仁者、惡不仁者。好仁者、無以尚之。惡不仁者、其爲仁矣。不使不仁者加乎其身。有能一日用其力於仁矣乎、我未見力不足者。
蓋有之矣。我未之見也。
　先生はいいました。「私は自由人と親しくし、不自由人を遠ざけるという人にほとんど出会ったことはない。自由人と親しくする人について私は特に付け加えることはありません。不自由人を遠ざけるほうが難しい。これが古い言葉でいう《仁を為す》ことである。不自由人から危害を受けないようにするのが、自由であるということです。一日でもいいから思い立って自由のために力を尽くしてみたらどうでしょう。その力を持たない人はいないはずです。しかしまだ私はそういう人に出会ったことありません」。

第13篇　子路篇　第321章
葉公語孔子曰、吾黨有直躬者。其父攘羊、而子證之。孔子曰、吾黨之直者、異於是。父爲子隱、子爲父隱。直在其中矣。
　葉公(しょうこう)が孔先生に次のようにいいました。「私の町内に、嘘をつかない男として名が通っている者がいます。その父親が他人の羊を盗んだとき、息子であるにもかかわらず、その事実を証言しました」。孔先生はいいました。「私の町内で嘘をつかない人という者、まったく違います。父親は子供をかばい、子供は父親をかばいます。それが嘘をつかない人間というものです」。

第14篇　憲問篇　第372章
子曰、賢者辟世。其次辟地。其次辟色。其次辟言。子曰、作者七人矣。
　先生はいいました。「今の世で賢者は隠棲して世を避けている。そこまでしない人は他国に移る。またそんなことをしない人は、人相の悪い人とは交際しない。さ

らにそのようなことをしない人は、奇妙なことをいう人とはやはり交際しないものです」。先生はさらにいう。「(今、いった4つのことを)避けていた者は七人(伯夷、叔齊、虞仲、夷逸、朱張、柳下恵、少連)である」。

第15篇　衛霊公篇　第387章
子曰、志士仁人、無求生以害仁、有殺身以成仁。

　先生はいいました。「志の人や仁の人は、生命を惜しんで仁を犠牲にすることはない。むしろ生命を犠牲にしても仁を貫くものです」。

第17篇　陽貨篇　第440章
子張問仁於孔子。孔子曰、能行五者於天下爲仁矣。請問之。曰、恭・寛・信・敏・惠。恭則不侮、寛則得衆、信則人任焉、敏則有功、惠則足以使人。

　子張が仁とは何かを孔先生に尋ねました。孔先生が答えました。「5つのことを天下に行わせることができたら仁を行ったということができます」。子張がいう。「それを具体的にお聞きしたいと思います」。孔先生はいいました。「5つとは、恭・寛・信・敏・恵のことです。恭(恭順)であるならば、他人から馬鹿にされることはない。寛(寛大)であるならば、人々の同意を獲得することができる。信(信頼)であるならば、人から大きな仕事を任せてもらえる。敏(捷)であるならば、その効果が上がる。他人に恩恵を与えるならば、よく人を使うことができる」。

第20篇　堯曰篇　第498章
子張問於孔子曰、何如斯可以從政矣。子曰、尊五美、屏四惡、斯可以從政矣。
子張曰、何謂五美。子曰、君子惠而不費、勞而不怨、欲而不貪、泰而不驕、
威而不猛。子張曰、何謂惠而不費。子曰、因民之所利而利之。
斯不亦惠而不費乎。擇可勞而勞之。又誰怨。欲仁而得仁、又焉貪、
君子無衆寡、無小大、無敢慢。斯不亦泰而不驕乎。君子正其衣冠、尊其瞻視、
儼然。人望而畏之。欺不亦威而不猛乎。子張曰、何謂四惡。子曰、不教而殺、
謂之虐。不戒視成、謂之暴。慢令致期、謂之賊。猶之與人也。出納之吝、
謂之有司。

　子張が孔先生に尋ねました。「政治にたずさわる者はどのようなことを心がけるべきでしょうか」。先生はいいました。「5つの善事を行うように心がけ、4つの悪

事をしないように心がけることです。そうしたならば政治にたずさわる資格があります」。子張がいいました。「5つの善事とはどのようなことですか」。先生はいいました。「為政者として、恩恵を施すが、むだ金は使わない。労働をさせるが、うらまれない。望むことを実現させるが、高望みはしない。金持ちになってもおごらない。威厳があるが、恐れさせない。この5つです」。子張はいいました。「どういうことでしょうか。もうすこし説明してくれるようお願いします」。先生はいいました。「人々が得をすると思うところにお金を使って得させることだ。そうすれば、恩恵を施すが、むだ金を使ったことにはならない。人々が労働を投入すべきである思うところで労働をさせると、うらむ人はいない。仁政を欲し、仁政を実現させたならば、もうそれ以上高望みはしない。為政者たるものは、人口が多いか少ないか、土地が大きいか小さいかにかかわりなく、またたれをも蔑視しない。これは金持ちになってもおごらないということではないか。為政者たるものは、礼に基づいて服装を正しくし、視線を正しくかつ高く保つことです。そうすれば、見るからに恐ろしく見えるが、これは威厳があるが、怖がられることではないのです」。子張はさらに尋ねました。「4つの悪事とはどのようなことでしょうか」。先生はいいました。「啓発されていない人々を死刑にすることを虐という。前もっての注意を与えないで成績をやかましくいうことを暴という。禁令をなおざりにしておきながら、期日は厳しく督促することを賊という。公の財産を支給するのに、もったいぶって出し渋ることを有司（役人根性）という」。

3. 孔子の思想の特色

中国人の思想を一言でいえば、徳目主義である。それを端的に表現するものは「五教」・「五行」・「五常」・「五典」・「五徳」・「五福」・「五倫」と呼ばれるものである。それぞれが5つから成り立つ徳目を表現している。例えば、「五行」には二種類あり、①（ゴギョウと読む）万物を生成させると考えられる5元素、つまり水・火・金・木・土を表わす場合と、②（ゴコウと読む）仁・義・礼・智・信を表す場合がある（この場合は「五常」ともいう）。孔子は天を唯一の主宰者としているから決して徳目主義者ではないと反論できるのであるが、常に天をキリスト教のいう創造者としてのエホバと同等の位置づけをしているならば、孔子は「徳目主義者ではない」という反論も承認されよう。しかし孔子の

思想を全体的に見るならば、天を人間の最初かつ最後の存在根拠としているとはいえないから、つまり孔子は天を「苦しい時の神頼み」(ヨーロッパ風にいうならば孔子にとって天は「deus ex machina」に過ぎないので)としているから、やはり孔子は徳目主義者である。

次に問題になることは、孔子の思想の捉え方、つまりどの部分が孔子の思想の中心かということである。孔子の幼児期を捉え、孔子の宗教的側面が強調され、孔子は宗教家であるという人がいるし、他方では孔子の弟子であった曾子（「十哲」には入らないが、孔子の孫の一人である子思の先生であった）が主張したことであるが、彼の著書『孝経』を中心にして、孔子を孝行主義者と理解すべきであるという人もいる。しかし定説になっていることは、孔子が「吾が道は［一］をもってこれを貫く」といった。この「一」とは「忠恕」(仏教でいう慈悲と酷似している。30頁または45頁参照。中庸、第13章)であると理解される場合もあれば、「仁」であると理解される場合もある。著者は後者の立場に立って孔子を理解しようとする者である。

(1) 仁

プラトンにおいてイデアは、現象物の原型であり、デミウルゴス（創造神）はイデアを見ながら、森羅万象を創造したのである。『旧約聖書』の「創生記」における神の創造作用を想起すると理解されることであるが、神は何を見ながらアダムを土塊から創造したかは不明である。したがって、神が自分の姿を見ながら、つまり自分の似姿としてのアダムを創造したのだと推論されるのである。要するに、キリスト教者のいう神にはイデアが存在しなかったと結論するのが妥当であろう。

またカントのいう理念は、プラトンのイデアと似ているが、理性の表象物である。理念は現象界を超越した無制約者であり、すべての人に妥当する概念である。つまり「基本的人権」とか、「自由」や「平等」といった理念である。イデアの総体は「最高善」と呼ばれ、理念の総体は「理想」と呼ばれ、プラトンの二元論とカントの二元論は酷似しているのである。しかしながら、プラトンでは現象界と叡智界との間には溝がなかったが、カントでは超えることができ

ない深淵なる溝があった。つまりどんなに努力しても現象界から叡智界へと飛翔できないのである。叡智界は現象界を「統制」するに過ぎなかった。

「仁」という言葉は孔子以前の経典「礼」の中で1つの徳目として扱われている。もともとの意味は「二＋人」で、「人と人との間に通う親しみを表す」という。

孔子は『論語』の中で、機会あるごとにいろいろな「仁」を述べているが、明らかではない。孔子は明らかにしようとしていることは理解されるが、先に『論語』の中から引用した箇所をもう一度振り返ってみてください。「仁」そのものは決して明確ではない。「仁」をあらゆる方向から見て、次のようにいう。「仁に包摂される」、「仁に近づく方法である」、「仁の根本である」、また仁を形容詞として用い、「仁者」とか、「仁政」という術語を用いているが、仁そのものが十分に説明されていない。

宇野哲人氏の著書『中国思想』の中で次のように述べている。

　仁の意味がたしかに分からぬので、古来種々の解釈がある。その主なるものの2、3をいえば、第一に程子（戦国時代の殷の末裔が封じていた宋ではなく、10世紀に始まる宋時代に程兄弟がいた。ここでは兄弟のいずれかは不明）は、四徳すなわち元亨利貞（この四徳は易の中で乾を表わす卦の辞で、天の四徳をいう。元は万物の始めで仁、亨は万物の長で礼、利は万物をうまく配合させることで義、貞は万物を成就させることで知に当たる）の元は、なお五常すなわち仁義礼智信の仁のごとし、偏言すれば1つの事、専言すれば4つのものを兼ねている。すなわち狭い意味でいえば、仁は1つのものであるが、広い意味からすれば、義礼智信の4つを兼ねているといっている。偏言は狭い解釈法、専言は広い解釈法である。これはなるほどその通りであろうと思う。孔子がほとんど何人も仁者ではないといわれるのは、広い意味の仁で、智仁勇と対立していわれるのは、狭い意味の仁である。明道程子（程兄弟の兄）は、易に天地の大徳を生というところから、仁を生々の徳と解し、杏仁などと言って、果物の種子を仁とであるいうことは当たっている、と説いているのは、あまりに純正哲学的な解釈であろう。謝上蔡（1050～1103年）が仁を覚と解し……朱子は、仁は心の徳愛の理といっている。心の中に修め得ている徳で、物を愛する原理であるという。いかにも仁は、自分が心に得た徳でなければならぬ。しかし愛の理というのが少し語弊がある（岩波文庫　59～60頁）。

上の引用文では、五常すなわち仁義礼智信の仁は、他の4つの徳と同等のものであるか、また他の4つの徳を包摂するのであるかは明確ではない。狭い意義の仁は独立した徳目であって、広い意義の仁は「兼ねる」といっているが、論理学上の術語でいえば、「兼ねる」ということは、「包摂する」という意義ではない。プラトンの「最高善」ならば、すべての徳目を包摂するという。仁は義礼智信と同じように1つの徳目であるが、仁という徳目は、忠恕・恩沢・勇・悦楽を包摂するという。このことを確認しよう。

忠恕：

忠は真心を表し、「己れを尽くす」ことを表す。真心または思いやりがなければ、仁がないのである。より簡単にいえば、人または他のもの（対象を特定する必要がない）に対する（愛）情があるならば、仁があることとなり、仁は人間の性（自然）を表現するものである。

恩沢：

恩沢は恩恵を表す。また天子の寵愛を表す。現代風にいうならば、為政者が人々を苦境に陥れないように政治を行うということであろう。つまり経国済民を主として政治を行うということであろう。孔子の徳治主義はまさにこのことを目的にしている。

勇：

孔子のいう勇とは、自己自身の欲望に勝つことであるといわれる。昔から人間は自己の欲望と戦ってきた。欲望に克った人間は偉人といわれてきたことは事実である。孔子は「克己復礼を仁と為す」といったことは、彼が偉人であるといわれてきた理由でもあろう。

悦楽：

悦楽といえば、誤解されがちである。古代ギリシアにおいても快楽主義者という人々がいた。この人々の言い分は、最大の快楽は欲望をすてることであるいった。つまり欲望は満たされると、そこで消滅する。しかし元来欲望がなければ、人間は惑わせられることがない。孔子のいう悦楽もこのことを意味する。孔子は、「知者は惑わず、仁者は憂えず」といった。仁者は寡欲にして、安心立命の境地に到達しているのであるから、天命を全うできるのであるが、孔

子が果たしてこの領域に到達していたがどうかは、孔子しか知らない。

　以上の忠恕・恩沢・勇・悦楽は仁という徳目に包摂されることは確かであろうが、仁はこれら4つしか含まないというというのではなく、少なくとも善の方向へ向かうものはすべて仁に含まれるということである。

（2）　教育者としての孔子

　人間は個人としては有限である。人間は誰でも自分の死後、子孫の行く末が気がかりになる。または世の中がどのようになるかが気にかかるといわれる。つまり自分は有限であるが、人間が類として無限に続く（脳生理学の立場からすれば、未来を考察できる生命体は人間だけだといわれている）ものと思っている。自分の死後、地球は消滅するなどとは想像できないし、想像したくないのである。ここに教育が人間の最後の課題であるといわれる理由がある。

　著者が哲学を始めた動機はソクラテスであった。そのソクラテスの宿命はアテナイの若者を「啓蒙」することであったといわれる。アテナイでは自由人は経済活動に携わることがなく、大部分の人は政治家になるか、軍人になるかであった。経済活動は奴隷によって支えられていた。もちろん、ソクラテスは自由人であり、家のことは女房（クサンティッペ＝ Xanthippe）に任せ、教育活動のためアテナイというポリスの中を徘徊しながら青年の教育活動に専念したといわれる。もちろん、報酬はなかった。

　これに対して、孔子は奴隷を所有していたということはない。孔子は授業料として干し肉を受け取ったという。それで足りたかどうかは不明である。前に述べたが、『論語』は孔子の作品ではなく、弟子または孫弟子の作品である。十哲といわれる弟子の一人である子貢は、孔子を「温良恭倹譲」（穏やか、素直、恭しい、慎ましい、謙遜）であるという。教師の仕事とは相手が持っているものを引き出すこと（教育とは、ドイツ語の erziehen、英語の educate である）であるとすれば、「温良恭倹譲」とは相手の程度に応じて教育活動をするということである。教育は啓蒙であるといわれるが、「啓発」という術語が孔子の言葉であるといわれる。啓蒙と啓発が同じことを表現しているとはいえない。孔子においては、「教育の目的はむろん仁である。人の人たる道を目的とし、

人格を養成することが目的」(『中国思想』70頁）であり、孔子は「人人の長所を見て、各々その長所を発揮せしめようとした」（同箇所）のである。

読者の皆さんはここで自分が教師になったら、どのような教育を行ったらよいかを考えてみて下さい。今までとは違う自分になっていることに気づくことでしょう。それが成長です。

4. 批評

孔子の何をもって儒の思想の創始者として位置づけしてよいかは議論の多いところである。孔子は自分に先立つ三代、つまり夏・殷・周（約1500～1700年の間）の時代の人々が、営み形成してきた思想と伝統を学んだ。孔子は特に（周の）武王の弟、魯国の初代王、周公旦の言った事、行った事（礼と楽の創始者といわれる）を尊敬し、そのことを、また歴史から学んだことを弟子たちに伝え（述べて、作らず）た。弟子および孫弟子たちが、先生の教えを整理し、削ったり、補いをしたりして、先生ならば、「このように考えたであろう」ということを根拠にして『論語』を作成したことであろう。仏教の経典はほとんどこのような作業で作成されたのである。つまり孔子もまた、自ら著作を書いていないのである。現在、我々が手にする『論語』が、孔子および『論語』の研究者たちが孔子の思想からかけ離れたものではないと判断しているのであるから、この判断を信じて、孔子を儒の思想の創始者としてよいであろう。

孔子の思想は現代に通用するかという問題であるが、例えば、親と子の間における孝行の問題を考察してみよう。アリストテレスが『政治学』の中で、ポリスの基礎は家庭であるという。これと同じように、中国人のいう国の基礎は家庭（斉家＝家をととのえる）であるというが、歴史上、中国では家から国家へと飛躍したことはなく、常に家の次元にとどまったのである。ギリシアと中国の国家規模の大きさがあまりにも違うので、ギリシアと中国とを比較すること自体無理なのであるが、思想という次元で見れば、アリストテレスの主張と中国人の斉家の思想は類似している。また孔子の徳治主義はプラトンのイデアにおける政治論は非常に酷似している。しかしプラトンのイデアに「孝行の問

題」はない。要するにプラトンは「共同体」を問題にしているのであって、個別的家を問題にしているのではない。個人の犯罪はいかなる理由があっても社会にとって犯罪である。つまり如何なる理由があっても、親が盗みをするならば、子の証言などを参照する必要がないのである（先に引用した第13篇を参照してください）。親とか子とかの関係で罰せられるのではなく、罪は罪として、つまり法の問題として罰せられるのである。このことを考えてみるならば、社会の正義の問題は、個人の孝行の問題にはならないのである。この意味では孔子の思想は、積極的に評価できないのである。しかし、それですべてが無用であると即断できないのである。孔子の思想には、我々が生きていくためには示唆をしてくれるものがかなりある。これは著者一人の意見ではなく、多くの人が認めるものと確信する。思想は時間を越えた普遍性を持つものであることを認識できるならば、それもまた成長である。

第2章
『大学』

　儒の思想と道の思想は、対立する思想、つまり儒の思想は立身出世の思想、換言すれば、勝者の論理であり、他方、道の思想は、つまり隠者の思想、換言すれば、敗者の論理であるといわれる。しかし人間はそれほど単純ではなく、我々人間は個人においても、集団においても、儒の思想的側面と道の思想的側面と2つの側面を持っているのである。儒の思想的な側面を鮮明に強調しているのが『大学』である。この作品は孔子の孫、伯魚の息子、子思の作品であるといわれるが、しかし明確ではない。というのは子思は曾子の弟子で、曾子は孔子の弟子であった。孔子には約3,000人の弟子がいて、六経に通じた者は72人で、さらにその中で優れた弟子に十哲と呼ばれた人々がいた。しかし曾子はその中に入っていない。曾子は努力の人であったといわれる。『大学』はその曾子の作品であったともいわれる。その理由は、『大学』の源は経典の1つである『礼記』にあるからだといわれる。

　この『大学』は、伝説上の君主堯や舜などが帝王としての営みの原則としたといわれるように、為政者のための書である。中国では為政者は、知識人であり、偉人であり、人徳者で、一般の人々の指導者であるというのが伝統的思想である。この伝統的思想は共産党が支配する現在でも生きているように思われる。もちろん、すべての思想家がこのような方向にあったのではなく、司馬光（1019～1086）は、「帝王学の原理とするよりは、むしろ広く道に志すものにとっての修養の根本則を示していることを重視し」（明治書院　新釈漢文体系　2　大学・中庸　赤塚忠著　9～10頁）た。さらに二程子（程明道1031～1085年・程伊川1033～1107年）は『大学』を儒教の中枢にすえる方向をとった」（同個所）のであり、この方向を完成したのが朱子（朱熹　1130～

1200年）である。朱子は『大学章句』という解釈書を著し、最初の205文字を本文（経）とし、その後の文字が約10〜15倍あるが、その部分を「伝」（注釈）とした。この朱子の言い分にしたがって最初の部分だけを引用することにする。

　　大學之道、在明明德。在親民。在止於至善。知止而后有定。定而后能靜。
　　靜而后能安。安而后能慮。慮而后能得。物有本末、事有終始。知所先後　則近道矣。
　　古之欲明明德於天下者、先治其國。欲治其國者、先齊其家、欲齊其家者、先脩其身。
　　欲脩其身者、先正其心。欲正其心者、先誠其意。欲誠其意者、先致其知。
　　致知在格物。
　　物格而后知至。知至而后意誠。意誠而后心正。心正而后身脩。身脩而后家齊。
　　家齊而后國治。國治而后天下平。
　　自天子以至於庶人、壹是皆以脩身為本。其本亂而末治者、否矣。其所厚者薄、
　　而其所薄者厚、未之有也。此謂知本、此謂知之至也。

　大学の道は、明徳を明かにすることに在り、民に親（朱子によれば、「新」であるという、つまり「民を新たにする」）しむことに在り、至善に止まることに在り、止まることを知り、后（のち）に定まる。定まって后によく静かになる。静かになれば后によく安定する。安定すれば后によく思慮する。思慮するならばよく獲得する、物に本末が有り、事に終始が有り、先後するところを知るならば、すなわち道に近い。

　古くから（言い伝えられる）の明徳を天下に明らかにしようと欲する人は、先ずその国を治める。その国を治めようと欲する人は、先ずその家を斉（ととの）える。その家を斉えようとする者は、その身を修養する。その身を修養しようと欲する者は、先ずその心を正しくする。その心を正そうと欲する者は、先ずその意思を誠にする。その意思を誠にしようとする者は、先ずその知を完成させる。知を完成させることは物に格（いた）ることである。

　物に至った后に知に至る。知に至たった后に意識される。意識された后に心が正しくなる。心が正しくなった后に身が修まる。身が修まって后に家が斉う。家が斉った后は国が治まる。国が治まって后に天下が平和となる。

　天子から庶民にいたるまで、すべての人が身を修めることを本質とする。そ

の本が乱るならば、末（末事）を治まることはない。厚くするところを薄くし、薄くするところを厚くするということは、今まで無かった（歴史上、本末転倒ということはなかった）。（本末転倒しないということを）本を知るという。この本を知ることを知に至るという。

　この訳の原本は朱子が章句（つまり原文が木簡や竹簡に書かれてあり、章分けされていないのである。それを解釈し、意味が通じるようにすることを「章句」という）したものを（馮友蘭氏の著書『中国哲学史　成立篇』　柿村・吾妻訳）参照した。

　以下は著者の解釈：

　広島と長崎に原子爆弾が投下され、多くの人が犠牲になって、原子力の発見者と原子爆弾の創造者の責任が問われたことがあった。しかし冷静に考えるならば、原子力を戦争のための武器として使用人の責任が問われるべきであった。原子力の発見者には何の責任もないのである。つまり彼は自然における物質の力を発見したに過ぎないのである。かつて学問は人間の生活と切り離すことはできなかったのであるが、つまり学問は人間の日常生活に役立つことが存在理由であった。18世紀の後半あたりから学問は学問のために展開するようになった。特に中国においては、感覚を判断基準とする傾向が強かったため、目前の有用性だけが判断基準となった。ヨーロッパの学問の源がギリシアであったといわれるが、そのギリシアにあったものは、ほとんど同じものが中国にもあったということができる。例えば、錬金術、薬学、天文学、暦術、論理学（特に名家といわれる人々がいた）、その外に、航海術、火薬、紙などの多くの発明品や製造方法があった。しかしながら、目前の有用性だけが判断基準であったため、あるものを長期にわたって研究するとか、研究させるということがなかった。もし秦の始皇帝のように、個人としてではなく、国家という組織が不老不死の薬といったようなものの研究を続けていたならば、火薬や紙といったようなものだけではなく、多くのもので世界の文化や文明に貢献したことは確かであろう。本題に戻ろう。つまり引用文を分析しよう。

　前にも述べたことであるが、古代の学校は小学と大学に分けられ、小学では

六芸、つまり礼・楽（音楽）・射（弓）・御（乗馬）・書（読み・書き）・数（勘定）を修了し、貴族の子弟、または選ばれた者はさらに上の学校、つまり大学に行った。大学では、五経または六経といわれた、易・詩・礼（周礼）・書・春秋・楽が授業科目でそれぞれ専門家（博士といわれた人々）が担当した。

　このような大学の目的は、三綱領、つまり明徳・親（新）民・止至善を達成することであり、八条目、つまり格物・致知・誠意・正心・修身・斉家・治国・平天下を達成することであった。以上の目的は『大学』という書物における目的であって、大学という実際の学校の目的であったかどうかは判断できないのである。というのは孔子の時代には実際の学校は廃校になっていたといわれるから、孔子以前の理念であったものを、つまり『礼（周公旦の作といわれる）』に載せられてあるものを抜粋したといわれている。孔子にとって周公旦は最も尊敬する先生であったことはよく知られている。

　大学の教育の目的は主要な徳を探求し、明らかにし、人々に親しみを持ち、最高の善を求め、それを保持することである。それを保持することによって、社会が固定し、安定する。社会が固定し、安定するならば、当然のことであるが、人々の心は落ち着く。人々の心が落ち着けば、物事を配慮するようになる。配慮するようになるならば、物事の後先を、また物事の優劣を理解するようになるならば、大学の教育の目的は達成されることであろう。次の段落を考察する前に次のことを理解する必要がある。

　論理学に三段論法というものがある。この論理は最も確実なものである。大・中・小の概念があり、小が中に含まれるならば、小は大に含まれる。逆に小が中に含まれないならば、小は大に含まれない。この論理は論理という次元では、アリストテレスもいうように最も確実な論理である。しかしこの論理を生の現象界に適用できないのである。例えば、生き物は死ぬ。Aは生き物である。したがって、Aは死ぬ。この論理を現象界に適用するためには、Aが生き物であることが証明されなければならない。例えば、乾燥して死んでいる判断されるものが、水をやることによって生き返る海老がいる。生き物が結晶化するものもある。さらには有機物と無機物の区別が曖昧なものが現象界にはたくさんある。このようなことが、つまり論理と現実との間には溝が存在するとい

うこが理解されていれば、次の段落は比較的容易に理解される。

　古くから伝えられている徳を人々に明かにして伝えようとする人は、前もって自分の国（邑＝支配する領地、日本史の術語でいうならば、大名程度の権力を持つ国）を治めている。その国を治めようと望むものは、前もってその人は自分の家をよく整えている。自分の家をよく整えようと希望するものは、前もって自分の身を修養し、欠点のないものとしている。自分の身を修養し、欠点の無いものとしようとする人は、前もって自分の心を正しいものとしている。前もって自分の心を正しいものとしようと希望する人は、前もって自分の意思に対して誠意を持って意図している。意思に対して誠意をもって意図しようと希望する人は、前もってそれをよく知っている。よく知ることを希望する人は、物事を熟知している。

　ここの論理は先に述べたように、現象界におけるものではなく、たとえ概念が、大・中・小となっていても、まず言い得ることはまったく定義されていないことである。したがって、自分の国を治めている人が天下に徳を明かにすることができるとは限らないし、自分の家をよく整えている人が国を治めることができるとは限らない。また身を修養している人が、自分の家をよく整えることができるとは限らないのである。中国人の家族主義はよくいわれることである。これは中国の歴史を反省すれば、誰にでも理解されることである。中国の家族主義は天下へと飛躍することがなく、自分の家族の事柄として問題を処理したのである。別に表現すれば、国家の繁栄は自分の家族の繁栄であり、自分の家族の繁栄が国家の繁栄であった。その理由としては、中国では征服王朝が多かったということもあるであろうが、国家の覇者は中国全体よりも、自分の家族のことを重視したのである。前にも述べたことであるが、元王朝は中国を放棄したとき、元王朝は滅びたわけではない。あくまでも、中国支配を断念し、中国からモンゴルへと引き上げたに過ぎないのである。もう一度確認するが、上の論理は頭の中の論理であって、現実の世界の論理ではないのである。これは中国人の一元論、つまり経験論かつ唯物論に原因があるように思われる。

　次の段落の考察へと移ることにしよう。

　ここの段落は、前段落の最後の部分の続きで、格物致知（かくぶつちち）ということを前提に

している。中国思想では我々の認識の過程が考察されることはほとんどない。十分ではないが、ここで認識が考察されている。中国思想には「哲学がない」といわれる理由がいろいろあると思うが、著者が思うには、認識論と存在論がないからではないかと思う。例えば、カントの『純粋理性批判』は認識論と存在論を考察した著作であるということができる。ここの致知格物とカントの『純粋理性批判』を同等に扱うことは無理である。

　著者は「格物致知」または「致知格物」を「物事を熟知している」と訳した。このように訳した理由は認識を前提にしていると解釈したからである。その根拠を挙げよう。

　物事を熟知するためには、次の認識過程を理解する必要がある。物（対象）が我々の認識能力（ここでは感覚または感性）を刺激することによって感覚能力が働くのであるが、感覚能力には自発性が必要である。つまり視覚能力が働かないならば、「もの」は見えないのである。聴覚が働かないならば、「もの」は聞こえないのである。感性（感覚の総体）は外の対象との関係では受容的であるが、しかしながら内面からは自発性によって支えられているのである。

　内面の自発性とは何か。自発性は生命体の「性」である。「性則生」といわれるが、現代風の意味でいえば、脳の働きであろう。大脳皮質の働きなくしては、我々人間は「植物人間」といわれるように、人間とは言い難い存在者となる。脳生理学という学問は最近めざましい進展をしている。今ここで深入りしないが、視覚能力は3つある言語野（ブローカ言語野とヴェルニッケ言語野との2つの言語野を結びつける角回・縁上回の3つ）を基盤にして働いていることが最近発見された。脳はネットワークをつくりながら部分的に働く（局在論という）のであるが、他方では全体的にも働くのである。脳の解明、つまり記憶のされ方の解明はかなり進んでいるが、しかし残念なことは記憶の再生の過程がほとんど解明されていないのである。いずれ解明されるものと期待されている。次の段落の考察に入る前に確認しておくことがある。

　もの（対象）を意識することによって、「もの」は認識の対象になる。「もの」は意識しなくても認識の対象となるのであるが、それは夢のようなもので、見ても見ていないという現象があるように、すれ違っても知人であることに気づ

かないということがある。このようなことは認識とはいわない。つまり夢のようなことは幻覚であり、認識とはいわないのである。認識とは、「私が蝶なのか、蝶が私なのか」ということではない。すべての人が納得できるようなものでなければならない。知に至れば、意は誠になるというが、知と意とは別のものである。意思が誠であっても知に至るとはいえない。誠は正しくありたいものであるが、正しいという判断は立場に根拠をおくことが多い。誠は正しいものであるならば、その人の身は修まっていることであろう。身は修まっていることはただちに家が整うことにはならない。また家が整うことは、国が治まることにならないし、国が治まることは平和になることは多いであろうが、国が治まるとは程度の問題であろう。

　共同体が理想的に運営されるためには、人間は階層化され、それぞれの人間が共同体の中で自分の役割を果たすことによって運営されることである。そのためには天子（君子）も一般のすべての人々も自分の本分（性）を理解し、その本性を成し遂げるように努力すべきであろう。自分の本性が乱れるならば、いずれその人はだめになるであろう。物事には本末があるように、また因果があるように、先と後を思い違いしてはならない。先と後を思い違いしないならば、共同体の階層が崩れることはなく、過不足なく運営されることになるのである。これはプラトンもアリストテレスも求めたことであるが、プラトンが『国家』の中で思想上のものであるとして、消極的にしか役立たないとしている。つまり国家を運営するときに参照にしてほしいと述べているに過ぎない。

　『大学』を考察した場合は、「絜矩の道」（後半に、赤塚忠著によれば、83頁）という術語を取り上げないわけにはゆかない。これは君主（支配者）の心がけを典型的な貴族主義、徳治主義を表現したものである。以上が『大学』のほんの一部に過ぎないが、主用な部分の考察は終わった。最初にも言ったように儒の思想の重要な部分がこの『大学』に含まれている。特に為政者の論理、つまり貴族主義、徳治主義（修身主義）、階級主義、伝統主義（判例主義）、尚古主義、家族主義、孝行主義が看取され、また経験論、唯物論などが看取される。この作品においても、『論語』においても１つのことを徹底して究明するとい

うことはなく、常に断片的にいわれているに過ぎない。したがって、読者が独立的に使用されている術語を掘り下げていかなければならないのである。ある点で見えてくるもの、共通するものを取り出して考察しなければならない。体系的に論じられていないので、結果として誤解する可能性がある。

第3章

『中庸』

　『大学』の著者が曾子か、子思かという問題があった。孔子の孫の一人である孔鮒(こうふ)によれば、『中庸』は子思の作品であるといわれている。しかし『中庸』の出所に関しては3つの説ある。①孔子が自選し、子思が編集し直したという説。②まったく別人の作という説。③子思の作品であるが、一部は『礼記』からとってきて、一部は他の経典からとってきたという説。以上の3つの説のどれが正しいかということに関しては著者は結論を出すことはできない。今述べたように、異説が3つあるということは、『中庸』の研究書が数多くあるということを予想させる。朱子の『中庸章句』が出るまで、すでに19の研究書があったといわれている。もちろん、ここでは触れない。前にも述べたように、中国では伝統的に『中庸』を扱う「博士」であれば、『中庸』だけを扱うのであって、他の経典を扱わないのである。日本の研究者は中国の研究者ほどではないとしても、中国に似た現象がある。例えば、哲学者は文学を扱わないし、文学者は哲学を扱わない。少なくともヨーロッパではこのようなことはない。文学者であっても哲学を扱うことはよくあることである。著者は中国思想を研究して約5年になるが、専門家の研究に接すると自分の未熟さのみが思い知らされる。専門家の研究はあまりにも学生の知的レベルから乖離してしまっている。この溝を何とかして埋めなければならないと思い、15回の講義で完了する啓蒙書を公にすることを決断した。蛇足となりました。本題に戻って独断であるが、『中庸』から重要と思われる箇所を引用することにする。朱子は33章に分けている。それに従う。なお、訳は宇野哲人氏と赤塚忠氏のものを参照した。

第1章
天命之謂性。率性之謂道。脩道之謂教。道也者、不可須臾離也。
可離非道也。是故君子戒愼乎其所不睹、恐懼乎其所不聞。莫見乎隱、莫顯乎微。
故君子愼其獨也。
喜怒哀樂之未發、謂之中。發而皆中節、謂之和。中也者、天下之大本也。
和也者、天下之達道也。致中和、天地位焉、萬物育焉。

　天が命じたるもの（天が与えたもの）、これを性という。その性にしたがって実践するならば、完成（達成）するものは道である。この道を修得することを教えという。道は我々人間と少しの間もかけ離れることはなく、それゆえ、君子は確実なものとして見えない道を用心して見、聞き知ることができないことを恐れる。隠れているものは見えることはなく、微かなものは顕わになることもないのである。それゆえ、知ある人は非常に慎重になるのである。
　我々の感覚は外から刺激されて働き出すのであるが、刺激を受けていない状態を中という。刺激されて始めて対象を受け入れる。この状態を和（感性の外に向かっての受動性と感性の内に向かっての能動性との一致）という。それゆえ、働き出す前の感覚は根源であり、感性の受動性と能動性は大変大事である。感性の受動性と能動性が十分に働くならば、全宇宙の秩序が狂うことがない。我々は本末転倒することもない。したがって万物は何事もなく無事に行くのである。

第2章
仲尼曰、君子中庸、小人反中庸。君子之中庸也、君子而時中。小人之中庸也、
小人而無忌憚也。

　孔子は次のようにいいました。「君子の行うことは中庸に適っている。しかし凡人の行うことは中庸に適っていない。君子いう中庸は君子の人柄どおりにどんなときでも節度がある。しかし小人のいう中庸は慎み深いということはない」。

第3章
子曰、中庸其至矣乎。民鮮能久矣。

　先生が次のようにいいました。「中庸はまことに意味深いものである。人々はほとんどこれを成し遂げようとしない」。

第12章

君子之道、費而隱。夫婦之愚、可以與知焉。及其至也、雖聖人亦有所不知焉。
夫婦之不肖、可以能行焉。及其至也、雖聖人亦有所不能焉。
天地之大也、人猶有所憾。故君子語大、天下莫能載焉。語小、天下莫能破焉。
詩云、鳶飛戾天、魚躍于淵。言其上下察也。君子之道、造端乎夫婦、
及其至也、察乎天地。

　君子が行う道の作用は広くかつ大である。そこでまた平凡な人間の愚かな知恵でも道を知ることができる。しかし道の極みとなると、聖人でさえ知らないこともある。平凡な人間の才能でも道を行うことができる。しかし道の極みとなると、聖人でさえやはりできないこともある。天と地の広大さに比べるならば、人間は不満に思うものである。君子が大きいことについて語るならば、世界中の人々が考える以上のことをいい、小さいことについて語るならば、世界中の人々が分析できないようなことを考えるのである。『詩』に次のような文がある。「鳶は高く、天のかなたへと飛んで行く。魚は深い淵で勢いよく飛び跳ねる」。これは結局のところ道が至るところで行われることを示している。君子の道は平凡な人間から始めているのであるが、しかしその極みとなると、天地よりも明かに高遠なものである。

第13章

子曰、道不遠人。人之爲道而遠人、不可以爲道。詩云、伐柯伐柯、其則不遠。
執柯以伐柯、睨而視之、猶以爲遠。故君子以人治人、改而止。
忠恕違道不遠。施諸己而不願、亦勿施於人。
君子之道四。丘未能一焉。所求乎子以事父、未能也。所求乎臣以事君、
未能也。所求乎弟以事兄、未能也。所求乎朋友先施之、未能也。
庸德之行、庸言之謹、有所不足、不敢不勉、有餘不敢盡。言顧行、行顧言。
君子胡不慥慥爾。

　先生は「道は人から遠く離れてあるものではない」といいました。確かに人が道とすることを行う人が、道から遠くなるようなことがあるならば、その道は本当の道ではない。『詩』に「柯（枝または斧の柄）を伐り柯を伐る、その則遠からず」（斧の柄をつくるには、手に持っている斧の柄をこれから作る斧の寸法の基準とすればよい）という文章がある。斧の柄を横目で見ながら、柄を作るのであるが、柄

が違うような気がして勘違いするのである。そこで君子は人間の本性をもって人間を治めるのである。間違いを犯した人が、悔い改めるならば、その人を責め立てることはしないのである。それゆえ、忠恕が道に至るためには大切なのである。自分の身に照らして見てよくないと判断されるならば、他人に対して忠恕をおしつけてはならない。

　（孔子は次のようにいっている）君子の道（目的に至るために採るべき方法）は4つある。しかし丘（私＝孔子）はその内の1つも行い得ていない。子供に対して望むことを、父のために自分が行っているかといえば、まだ十分に行っていない。次に臣下に対して望むことを、君子のために行なっているかといえば、まだ十分に行っていない。また弟に対して望むことを、兄のために行っているかといえば、まだ十分に行っていない。さらに友人に対して望むことを、友人のために行っているかといえば、まだ十分に行っていない。

　極端な徳ではない徳を行い、極端ではない言葉を口にする。反省して足りないところがあるならば、努力しないということはなく、余裕があるならば、自制して自分を押さえるようにする。言葉は実践を反省し、実践は言葉を反省させる。君子になろうとする人は常に恐れ慎んで身を修めずにはいられないのである。

第20章
哀公問政。子曰、文・武之政、布在方策。其人存、則其政擧、其人亡、
則其政息。人道敏政、地道敏樹。夫政也者、蒲盧也。故爲政在人、取人以身、
脩身以道、脩道以仁。仁者人也。親親爲大。義者宣也。尊賢爲大。
親親之殺、尊賢之等、禮所生也。（在下位、不獲乎上、民不可得而治乎。）
故君子不可以不脩身。思脩身、不可以不事親。思事親、不可以不知人。
思知人、不可以不知天。（以下略）

　魯の君主の哀公が孔子に政治のことを尋ねたことがあった。孔子は次のように答えました。「後世の為政者が模範とすべき（周の）文王と武王の政治は、詳細に記録されています。しかし文王と武王と同じような徳と才能を持ち合わせた人がいるならば、善政が行われますが、そのような人はいません。それゆえ、善い政治行われていません」。人間の務めは政治をよくするように努力することです。大地の務めは作物をよく育つように努力することです。政治は人間の努力を必要とする。ゆえに政治の営みは人次第です。善い政治を行うには、有徳な人を採用する必

要があり、そのためには君主がその身を正しく修めておくことが必要である。身を正しく修めておくためには、道が正しく行われていなければならない。道を行うためには仁が必要である。

　仁とは人にかかわることであり、人間を人間として親愛することである。自分と親しい者を親愛することが最も大切である。義とは物事の適切さを得ることである。賢者を尊敬することが最も大切である。人間を人間として親愛すること、また賢者を尊敬することを基にすることは、礼を生じさせることである。それゆえ、君主は自分の身を修めなければならない。自分の身を修めるためには、親によく仕えなければならない。親によく仕えるためには、人々のことをよく知らなければならない。人々のことをよく知るためには、天を知らなければならない。

第22章

唯天下至誠、爲能盡其性。能盡其性、則能盡其人之性。能盡人之性、則能盡物之性。能盡物之性、則可以贊天地之化育。可以贊天地之化育、則可以與天地參矣。

　この世に最もすぐれた誠の人が、その人の性を遺憾なく発揮できるものである。己れの性を発揮すれば、他人にもその性を発揮させることができる。他人にもその性を発揮させることができるならば、人々とともにすべてのものを適正に扱って、その本来の発展を遂げさせることができる。その本来の発展を遂げさせることができるならば、天地の万物を発生成長させることができる。天地の仕業を助けることができれば、天と地と相並んで、この世における最も完全な人間となることができるのである。

第30章

仲尼祖述堯・舜、憲章文・武。上律天時、下襲水土。辟如天地之無不持載、無不覆幬。辟如四時之錯行、如日月之代明。萬物竝育而不相害。道竝行而不相悖。小德川流、大德敦化。此天地之所以爲大也。

　仲尼（孔子）は堯と舜の道を本として受け継ぎ、文王と武王の政治を明かにした。上は天の道に、下は地の道に則って明かにした。例えば、天地が支えないものは何一つとなく、包含しないものが何一つもない。例えば、春夏秋冬の四季は逆転することなく、太陽と月が代わる代わる照らすように、巡行する。すべてのものは

成長して、しかも互いに害うことはなく、道が至る所で行われ、またお互いに行き違うこともない。小さい徳は川の流れのように人々に浸透し、大きな徳は人々を感化させた。これは天地が偉大である理由である。

朱子によれば、『大学』の本文は205文字に過ぎない。残りは付録および注釈であり、本文の10～15倍ある。これに対して『中庸』は『礼記』から抜粋したものであるいうが、他の経典から抜粋された個所もある。ここで私が引用しなかったが、第33章はすべて『詩』から抜粋されたものである。外にも『詩』から抜粋された箇所がある。

『論語』、『大学』、『中庸』という3つの経典を比較してみると、『論語』の扱う領域が最も広く、その領域は我々人間の生活の全般にわたっている。『大学』の扱う領域は、三綱領八条目に限定されている。『中庸』の扱う領域は『論語』のある一部の領域に限定し、より深く考察しているということができる。その意味で『論語』で扱った問題を確認できると同時に深く理解できる。

また『中庸』を考察するならば、個人の倫理的側面だけではなく、特に政治という観点から、周と魯の歴史上の人物を知ることができる。

最後に、「中庸とは何か」という問いに答えなければならないのであるが、この『中庸』を一瞥しただけでは、この問いに答えることは難しい。プラトンにおけるイデアを知っているならば、感覚的に『中庸とは何か』という問い答えることができるように思われるが、その答えは論理ではなく、実践で答えなければならないということに気づくのである。プラトンではまず理論があって、実践でその理論を明らかにしようとするのである。しかしながら、つまり今まで扱った限りでは、中国の思想においては、理論が実践を助け、実践が理論を助けてきた。あるいは逆に、(数は少ないが、例えば、名家のように) 理論が実践を蔑視し、(ほとんどが) 実践が理論を蔑視してきた。ギリシアでは「中庸」を哲学の重要な術語としたのがアリストテレスであった。アリストテレスはプラトンと比較するならば、経験を重要視する哲学者であった。アリストテレスは、中国人ほどの経験論者ではないのであるが、朱子の立場に近いように思われる。つまり朱子の立場はまったくの経験論者ではなく、形而上学をも認

めている思想家である。この意味では朱子は中国人の中では特異なのである。朱子の後の王陽明（1472～1528年）が「心即理」という原則を提起することよって中国の思想が大きく飛躍したのであるが、ここでは触れない。

　プラトンにおいては、現象の源はイデアであり、イデアの似姿が現象であった。したがって、求めるものはイデアであり、それを見るのが哲学者の仕事であった。

　これに対して、「中庸とはなにか」という問いは現象界のみに制約され、さらに現象界は常に変化する世界であるから、中庸は定まることはないのである。昔の中庸は今の中庸ではない。今の中庸は将来の中庸ではない。中国における中庸は、日本における中庸ではない。中庸は時間と空間に影響される。したがって、中庸は普遍的ではないし、理念にはなり得ないのである。中庸の背後には理念が必要である。果たして中国人は理念を構築できるだろうか。これは今後の課題であるが、中国人だけの課題ではない。古くから中国人の思想を採り入れてきた我々日本人にとっても大きな課題であろう。

第4章

『孟子』

1. 孟子という人物

　孟子といえば、我々日本人の多くの人は彼の母親が教育ママであったことを想起するであろう。「孟母三遷」という言葉で知られるように、子供の教育のために、よい環境を求めて三回ほど住居を変えたことで有名である。その背景には孟家はある貴族の末裔であったことがあるかも知れない。孟子の名は、孟軻（もうか）といい、紀元前372年に生まれ、前289年亡くなった。孔子より約200年後の人である。孟子は孔子の子孫の一人、子思の弟子であったといわれる。
　荀子が性悪説を唱えたのに対して、孟子は性善説を唱えたということでよく知られている。人間が生得的に善であるか、悪であるか、または告子がいうように、2つの側面を持っているのであろうか。荀子のいう性悪説は、人間は生得的に悪であるというのではなく、結果的に悪であるというのである。つまり人間の性は外の対象から刺激を受けることによって悪の方向へ向かうことが多いということである。したがって、教育によって善の方向へ向かうようにすることができるというのである。荀子は教育さえ十分に行われるならば、持って生まれた性格は啓発され、善になり得るというのである。

2. 『孟子』の内容

　孟子の言葉を引用し、考察することにしよう。なお、訳は内野熊一郎氏の訳を参照した。『孟子』は、前の3つの著作、つまり『論語』、『大学』、『中庸』とは異なり、章句された部分は長い。それゆえ、章句されたものをさらに短くし

て、引用することにした。内野熊一郎氏の訳『孟子』（明治書院　新釈漢文大系　4）の頁を示してある．

引用　1　梁恵王章句　下　（75～76頁）

孟子對曰、凶年饑歳、君之民、老弱轉乎溝壑、壯者散而之四方者、幾千人矣。而君之倉廩實、府庫充。有司莫以告。是上慢而殘下也。曾子曰、戒之、戒之、出乎爾者、反乎爾者也。夫民今而後、得反之也。君無尤焉。君行仁政、斯民親其上、死其長矣。

　（鄒の穆公(ぼくこう)の質問に対して孟子が答える）孟子が答えて次のようにいう。「農作物が不作で、飢饉のときはあなたの国の人々がどうしていたかといえば、飢えで死んだ老人や子供の死体は溝や谷間に放置されていた。どれほどの数の若者たちは、食べ物を求めてどこかに散って行ったかは不明である。そんな状態にもかかわらず、国の倉庫は穀物で一杯であり、宝庫は宝物で一杯であった。役人たちは人々の困窮状態を見ても、王に告げることはしなかった。これは為政者が怠慢であったため起ったことであり、一般の人々は苦しめられたのである。曾子(そうし)は次のようにいっている。『気をつけなさい。気をつけなさい。あなたがしたことは善悪を伴って、あなたに報いとして返ってくるのです』。一般の人々の立場からいえば、今の状態は、上役人に仕返しをしたということですが、役人にとっては自分のしたことに対する報いが返って来たまでである。これを王は咎めてはならない。むしろ王は今までの自分の行為を反省し、為政者として政治の方法を改めて仁政を行うならば、人々は心から上の人に従い、その人のために命を棄てるであろう」。

引用　2　公孫丑(ちゅう)章句　上　（105～106頁）

孟子曰、仁則榮、不仁則辱。今惡辱而居不仁、是猶惡濕而居下也。如惡之、莫如貴德而尊士。賢者在位、能者在職、國家閒暇。及是時明其政刑、雖大國、必畏之矣。詩云、迨天之未陰雨、徹彼桑土、綢繆牖戸。今此下民、或敢侮予。孔子曰、爲此詩者、其知道乎。能治其國家、誰敢侮之。

　孟子は次のようにいう。「仁政を行うならば、国は栄えるが、不仁の政治を行うならば、辱(はずかし)めを受ける。辱めを受けることを嫌うにもかかわらず、不仁の政治を行うことは、湿気を嫌いながら、湿気の多い所にいるのと同じである。辱めを受けたくないならば、徳のある人を尊び、また才能のある人を尊ぶことであろう。そうす

れば、賢者はそれなりの位に就き、才能ある人がそれなりの職に就くのである。国には憂いがなく、何らかの問題もなく、為政者は暇である。そのようなときに、政治や刑罰を明らかにし、国力を増すならば、大国といえどもそのような国を軽視することはないであろう。『詩経』の中に鳥の言葉として次のような箇所がある。『天がまだ長雨を降らさないうちに、桑の根の皮を剥ぎとってきて、その鳥の巣の出入り口をすっかり修繕してしまう。このように用心しておくならば、今、木の下にいる人々は、我々（鳥）を侮ることは無いであろう』。孔子はこのことに対して『この詩を作った者は、国を治める方法をよく知っている人であろう』と言っている。『詩経』の中の言葉通り、前もってよく国を治めておくならば、その為政者を侮る人はいないであろう」。

引用　3　公孫丑章句　上　（111～112頁）

惻隱之心、仁之端也。羞惡之心、義之端也。辭讓之心、禮之端也。是非之心、智之端也。人之有是四端也、猶其有四體也。有是四端、而自謂不能者、自賊者也。謂其君不能者、賊其君者也。凡有四端於我者、知皆擴而充之矣。若火之始然、泉之始達。苟能充之、足以保四海、苟不充之、不足以事父母。

　（孟子の性善説を裏付ける箇所である。孟子はいう）「すべての人には、他人の不幸を平気で見ることに耐えられない心がある。これは次のことでわかる。まさに今、幼児が井戸に落ちようとしているのを見るならば、人はだれでもはっとして、悼み哀れむ心を起し、その子を助けようとする。その行為は、つまり助けることによって、その幼児の父母に交際を求めるためのものではない。また同郷人や友人に人命救助の名誉を賞賛してもらうためのものでもない。助けなかったという悪評が立つことを恐れて助けたのでもない。唯、生得の心、つまり惻隠の心に基づいて行動しただけである。惻隠の心は、人が生まれながらに持っているものであり、惻隠の心のない人は人間ではない。同じように、不善を羞じ、また不善を憎む心がない人は人間ではない。人に譲る心のない人は人間ではない。正しいことを是とし、不正を非とする心のない人は人間ではない。

　人の不幸を深く悼む心は、仁となるための萌芽（原文では、端）であり、自分の不義または不正を羞じて、憎む心は、義のための萌芽であり、辞退して人に譲る心は、礼のための萌芽であり、是を是として、非を非とする心は、智のための萌芽である。以上の4つの心は、惻隠・羞悪・辞譲・是非の心と呼ばれる。この4つの心の萌芽は必ずすべての人にあり、これは両手両足の肢体と同じである。4つの萌芽

（四端）を持ちながら、仁義礼智の徳を十分に実践できないということは、自分で自分の素質や能力を傷つけ、害うものである。また主君は仁義礼智の徳を十分に実践できないといって、その主君にその徳を実践するように勧めない者は、その主君を傷つけ、害う者である。わが心に4つの萌芽（四端）を持っているすべての人は、その4つの萌芽を押し広め、十分なものとすべきであると知っている。このことを知り、4つの萌芽を拡充するならば、つまりあたかも火が燃え出すと、どんどんと燃え広がるのと同じように、……勢いが増し、範囲が無限に広がるのである。それゆえ、もしよくこの四端を拡大していったならば、仁義禮智はあまねく行われて、天下四海を安らかに治め保つためには十分である。しかしこれを拡充せず、そのままにしておくならば、父母のようなごく親近者に仕えることさえも、十分にできないのである」。

引用 4　公孫丑章句　下　（143～144頁）

見孟子問曰、周公何人也。曰、古聖人也。曰、使管叔監殷、管叔以殷畔也。有諸。曰、然。曰、周公知其將畔、而使之與。曰、不知也。然則聖人且有過與。曰、周公弟也。管叔兄也。周公之過、不亦宜乎。且古之君子、過則改之。今之君子、過則順之。古之君子、其過也、如日月之食、民皆見之。及其更也、民皆仰之。今之君子、豈徒順之。又從而爲之辭。

　（陳賈(ちんか)が孟子に会って、いきなり問う）「周公はどんな人ですか」。孟子が答える。「昔の聖人ですよ」。陳賈はしめたと思い尋ねた。「周公は管叔に命じて殷の子孫（殷の末裔に支配することが許された国が宋と呼ばれた、蛇足であるが、夏の子孫の国は杞(き)と呼ばれた。中国古代では前の王朝の人々を根絶せず、一部の人々を存命させた）を監督させたところ、管叔は殷の紂王の子と一緒になって、周公に背いたというが、実際にこのようなことがあったのですか」。陳賈は自分の思惑の中に孟子を取り込もうとした。孟子はいう。「その通りである」。陳賈は孟子を見くびって、いった。『周公は管叔がいずれは裏切るであろうということを知りながら、殷の末裔を監督させたのであろうか』。孟子は答えた。「そのようなことは、勿論、知らなかったであろう」。この答えは陳賈にとって思う壺であった。そこでずばりと、「それならば、聖人でさえ、やはり害うことがあるのか」といった。すると、陳賈の心底を見破っていた孟子は、陳賈の思惑である問いを打ち破って次のようにいった。「周公は弟で、管叔は兄であった（長男は周王の武王であった。管叔も兄

であるから、弟の周公を背くなどとは思いもよらぬことであった)。したがって、周公の思い違いも当然であろう。昔の君主は自分が間違ったと気づいたなら、すぐにそれを改めた。しかし今の君主は（ここでは斉の王）は、間違いを犯したならば、かえってその過ちを押し通そうとする。昔の君子は、その過ちを犯したときはちょうど日蝕や月蝕のときのように、少しも隠そうとしないから、すべての人々はその過ちを見ているのである。しかし今の君子は、その過失を押し通そうとするばかりではなく、その過失を無理な言いわけをし、弁解を強引に作り上げようとするものである」。

引用 5　離婁章句　上　（237～238頁）

孟子曰、離婁之明、公輸子之巧、不以規矩、不能成方員。師曠之聰、不以六律、不能正五音。堯舜之道、不以仁政、不能平治天下。今有仁心・仁聞、而民不被其澤、不可法於後世者、不行先王之道也。故曰、徒善不足以爲政。徒法不能以自行。詩云、不愆不忘、率由舊章。遵先王之法而過者、未之有也。（以下略）

　　孟子はいう。「たとえ離婁（伝説上の黄帝のときの人で、非常に優れた視力を持っていた）のような優れた視力があっても、また公諭子（魯の人で細工に非常に巧みであったといわれる）のような手先の巧みがあったとしても、コンパスや差金（大工用の定規）を用いることがなければ、正確な方形なもの、円形なものを作ることはできない。師曠（晋の人で、音楽師）のような優れた聴覚が備わっていても、音律を整える6つの調音笛（陰・陽、6本ずつ、計12本の竹でできているが、長さが違う）がなければ、宮・商・角・徴・羽の五音（濁っている音から順に澄んだ音になる）を正すことはできない。同様に、堯や舜のような聖人の道であっても、人々に仁恵の政治を行うことが無いならば、天下をよく治めることはできない。しかし今、諸侯（王から管理するように任せられた土地の支配者）の中には、人々はその恩恵に全く与ることはなく、後世のために手本とすることができないとすれば、それは仁政が行われていないことを示している。だから私はいう。『ただ善良であるだけで、先の王の道にしたがっていない善い心では、立派な政治を行うためには不足である。またいろいろと法をつくっても、先の王の法と違うような法であっては、自然と行われることはできない』。『詩経』に、『あやまらずまた忘れず、先王が遺した法にしたがい、それによって行く』とある。しかし先王の法にし

たがって過ちを起こした者は、古来まだいないのである」。

引用　6　離婁章句　上　（246頁）
孟子曰、人有恆言。皆曰、天下國家。天下之本有國。國之本在家。家之本在身。

　孟子は次のようにいう。「世の人が常に口にする言葉がある。それは『天下国家』という言葉である。しかし元来、天下というものの本は一国にある（複数の国にあるのではない）。また一国の本は一家にあり、一家の本は一身にある」。

引用　7　離婁章句　上　（258〜259頁）
孟子曰、居下位、而不獲於上、民不可得而治也。獲於上有道、不信於友、弗獲於上矣。信於友有道。事親弗悅、弗信於友矣。悅親有道。反身不誠、不悅於親矣。誠身有道、不明乎善、不誠其身矣。是故誠者、天之道也。思誠者、人之道也。至誠而不動者、未之有也。不誠、未有能動者也。

　孟子は次のようにいった。「家来の地位にあって、主人から信任を得ていないとすれば、その家来は人々の上にたって治めるということは到底できることではない。しかしながら、上の人から信任を得る方法が１つある。それは友達に信用されるということである。友達に信用されないような人は、上の人に信用されることはない。友達に信用されるにはもう１つ方法がある。それは親に仕えて悦ばれるということで、親に悦ばれない人は、到底友達に信用されない。また親に悦ばれるにも１つの方法がある。それはわが身をよく反省して、誠があるということであり、誠がなければ、親に悦ばれることはない。最後にこの身を誠にするためにはどうしたらよいかである。これにも１つの方法がある。あることをすれば、この行為の結果が明らかに善になるということである。ある行為か明らかに善にならないとすれば、その身を誠にすることは到底できない。このような理由で、誠は天の道理であり、人に賦与されたものが人の本性である。この本性の誠を完全なものとすることは、人の道である。完全で至上の誠を獲得し、その徳によって動かし得ないようなものは、いまだかつて存在したことはない。換言すれば、至誠なくして、人や物を動かすということは、いまだかつて存在したことはないのである」。

第4章 『孟子』 55

引用 8　離婁章句　上　(274頁)

孟子曰、仁之實、事親是也。義之實、從兄是也。智之實、知斯二者弗去是也。禮之實、節文斯二者是也。樂之實、樂斯二者。樂則生矣。生則惡可已也。惡可已、則不知足之蹈之、手之舞之。

　孟子は次のようにいう。「仁の本質は、よく親に仕えるということである。義の本質はよく兄に従うことである。智の本質は今述べた2つの道をよく知り、これをわが身から遠ざけないようにすることである。また礼の本質はこの2つの道をほどよくすることである。音楽の本質は、親に仕え、兄に従うというこの2つの道を、楽器を使用して楽しむことである。2つの道を楽器を使用して楽しむということは、心の内から溢れ出るものである。心の内から溢れ出るということは止めることができないということである。無意識的にいつの間にか孝悌（兄に従うこと）の道に適った行為をしていながら、どうしてそのような行為をするのか、自分で気がつかないでいるということは、あたかも音楽を楽しむ者が、気づかないうちにその旋律にしたがって身体を躍動させていながら、身体を躍動させていることに気づいていないということと同じである」。

引用 9　告子章句　上　(380頁)

告子曰、生之謂性。孟子曰、生之謂性也、猶白之謂白與。曰、然。白羽之白也。猶白雪之白、白雪之白、猶白玉之白與。曰、然。然則、犬之性、猶牛之性、牛之性、猶人之性與。

　告子はいう。「生まれつきとはすべて本性（「ホンショウ」ではなく、「ホンセイ」と読んで下さい。理由は善悪を問題とせず、「生得的」という意味です）である」。これに対して孟子はいう。「生まれつきとはすべて本性であるということ、白いものがすべて白い、という意味ですか」。告子は「そうだ」という。孟子はさらに尋ねた。「それでは、羽根の白さを白いとするのは、雪の白さを白いとすることと同じく、また雪の白さを白いとするのは、玉の白さを白いとすることと同じですか」。告子は「そうだ」と答えた。孟子は尋ねた。「もしそうならば、犬の本性は牛の本性と同じで、牛の本性は人の本性と同じであることになるが、それでよろしいのですか」。

引用 10　告子章句　上　(381～382頁)

告子曰、食色、性也。仁、内也、非外也。義、外也、非内也。孟子曰、何以謂仁内、義外也。曰、彼長而我長之。非有長於我也。猶彼白而我白之、從其白於外也。故謂之外也。曰、[異於、]白馬之白也、無以異於白人之白也。不識、長馬之長也、無以異於長人之長與。且謂、長者義乎、長之者義乎。曰、吾弟則愛之、秦人之弟則不愛也。是以我爲悦者也。故謂之内。長楚人之長、亦長吾之長。是以長爲悦者也。故謂之外也。曰、耆秦人之炙、無以異於耆吾炙。夫物則亦有然者也。然則耆炙、亦有外與。

　告子はいう。「食欲と性欲は人間にとって本性である。仁とは内面の問題であり、外とは何の関係もない。これに対して、義は外また他者との関係で規定され、決定されるものである」。孟子はいう。「仁はなぜ内面の問題であり、義はなぜ外の問題であるというのですか」。告子はいう。「例えば、相手が年長者であるが故、年長者として尊敬する。これが義の行いである。年長ということは私の中にあるのではない。彼（対象）が白いから、つまり白さが対象の属性であるから、『白い』と判断するのである。これと同じように、義も外から来るものである」。孟子はいう。「その論理にしたがえば、馬の白さを白いとすることと、人の白さを白いとすることとは何の違いもなくなる。人間は相手を年長者であると判断するが、馬が（他の）馬を年長者であると判断することと同じである。それでよろしいのですか。年長が義の根拠なのですか。また年長者を尊敬することから義が生じるかといえば、当然、後者こそ義であるから、義も内から発するものである」。告子はいう。「『自分の弟なら愛するが、秦の人の弟なら愛しない』ということは、内から発するものである。それ故、私の悦びである。楚の人の年長者を年長者として尊敬し、同じように、わが年長者を年長者として尊敬することは、外から来る義である」。孟子はいう。「秦の人が焼肉を好むということと、自分が焼肉を好むということに違いはない。同じようなことが他にもある。外部に在るものが美しいから、私も同じく美しいと判断する。もしこの判断を、『食欲と性欲は人間にとって本性である』という命題に当て嵌めるならば、矛盾する。なぜならば、『美しい』は外から来るものであり、食欲と性欲は内的なものであるからだ」。

引用 11　告子章句　上　(399～400頁)

孟子曰、仁、人心也。義、人路也。舎其路而弗由。放其心而不知求。哀哉

人有雞犬放、則知求之。有放心、而不知求。學問之道無他。求其放心而已矣。

　孟子はいう。「仁とは人の心である。義とは人の歩むべき道である。歩むべき道、つまりその本心を失って、それを探し求めることを知らないということは、残念なことである。人は、自分が飼っている鶏や犬が見えなくなると、すぐそれを探し求めることを知っているが、自分の本心が無くなっても気にせず、探し求めることを知らないのである。学問の道とは、まさにこれと同じであり、失った本心を求め、取り戻すことである」。

引用 12　尽心章句　上　（453頁）
孟子曰、人之所不學而能者、其良能也。所不慮而知者、其良知也。孩堤之童、無不知愛其親也。及其長也、無不知敬其兄也。親親仁也。敬長義也。無他、達之天下也。

　孟子は次のようにいう。「人が学ぶことなく所有し、自然によくするものは良能と呼ばれる。特に考えることもなく、自然に知るものは良知と呼ばれる。小さい子供でも、その親を愛することを知らない人はいない。成長すると、兄を敬うことを知らない人はいない。親族を親しむことは陣であり、年長者を敬うことは義である。他に道はない。以上のことを、天下に押し広め、天下に行き渡らせるならばよいことである」。

引用 13　尽心章句　下　（503頁）
孟子曰、人皆有所不忍。達之於其所忍、仁也。人皆有所不爲。達之於其所爲、義也。人能充無欲害人之心、而仁不可勝用也。人能充無穿踰之心、而義不可勝用也。人能充無受爾汝之實、無所往而不爲義也。士未可以言而言、是以言餂之也。可以言而不言、是以不言餂之也。是皆穿踰之類也。

　孟子は次のようにいう。「すべての人に、気の毒で見ていられないという惻隠の心がある。この心を押し広げ、気の毒で見ていられないという心がなくなるまで到るならば、それは尽である。人にはすべての人がすることを望まない羞悪の心がある。この心をなくするようにすることが義である。他人を害することを望まない心を拡充するのが仁である。他人のものは盗みまいとして、その心を拡大するならば、義が十分なものとなる。他人を軽蔑することなく、そのような態度を拡充するならば、義ではないことになる。士（太夫）たる者は、いうべきときではないのに、

いうということは、他人の情けを求め、いうべきときにいわないということは、他人の心を盗みとることである」。

3. 批評

著者が中国思想の研究を本格的に始めたのは、キリスト教に疎外感を持ったからである。しかし研究した年数はまだ長くはない。当然のことであるが、研究内容も深くもない。それゆえ、今の著者には「儒の思想は孔子に始まるのか、そうでないのか」の問題に結論を出すことはできない。著者が結論を出すことのできない問題はこの問題だけではなく、たくさんある。

孟子は孔子よりも約200年後の人である。しかし、儒の思想が孟子に至って大きく変化したということはない。儒の思想の研究は、中国において漢の時代、宋の時代、明の時代、清の時代にも行われてきたし、またそれにかかわった研究者は数多いのである。日本においても、聖徳太子の「十七条の憲法」に利用されている。例えば、一条に「以和為貴」、三条に「即君天之　即臣地之　天覆地載」、四条に「以禮爲本」、また六条に「懲悪勧善　古之良典」という術語が見られる。これらの術語は儒の思想である。儒の思想は古くから我々日本人に大きな影響を与えてきた。我々日本人の精神構造を長い間支配してきた。将来はどのように変化するかは予想つかないが、著者には簡単にはなくならないように思われる。

上に示したように、著者は『孟子』から13箇所を引用した。孟子といえば、「性善説」を唱えたことで知られている。その根拠としたのが、4つの心、つまり惻隠・羞悪・辞譲・是非の心である。この4つの心は、仁・義・禮・智ともいわれ、四徳といわれる。もちろん、徳といわれるものであるから、悪ではない。ただしこの徳が経験的なものであるというならば、悪にもなり得るのである。仁・義・禮・智の四徳は我々人間に生得的に備わっているものであるとしなければ、荀子が主張したように、下心をもって人間が行為することになり、常に損得でのみ判断することになる。そこでは、智を除いて、仁・義・礼は善悪という二面性を持つことになる。孟子にとって直接に対立するのが荀子であ

るが、その荀子が「性悪説」を主張した。その「性悪説」は人間にとって生得的なものではなく、後天的、つまり経験的なものであるとした。したがって、必ずしも「性善説」と「性悪説」とは対立するものではない。というのは、孟子の「性善説」は生得的なものであるからだ。ここで告子という人物を想起してほしい。告子は孟子と荀子とを折衷したといわれるが、孟子の立場から見れば、告子は経験論者である。つまり告子には先天性が見られないのである。そうすれば、告子は荀子と同類の人間であることになる。引用した9番目と10番目を想起してください。告子を攻撃する孟子の論法はかなり飛躍がある。しかし孟子の意向だけは容易に理解されるのである。

　最後にもう一度、確認しておきたい。つまり惻隠の心は仁といわれ、羞悪の心は義といわれ、辞譲の心は礼といわれ、是非の心は智といわれることである。これに信を加えて儒の思想では五行(ごこう)(または五常)という。

儒の思想のまとめ

　儒の思想の特色は理想的共同体の実現を目的としていることである。これは4つの著作に共通していることである。ただ違う角度から目的に至るための手段の考察を展開していることで、それぞれの著作の特色を出していることである。最高の目的に至るための手段は、より下の手段の目的となる。つまり手段が目的、目的が手段となるような階梯を構成するのである。例えば、孟子のいう善はより高次の善を求めることと同じである。プラトンはイデアの総体を、善の総体を理想、最高善であるとした。儒の思想家たちは、理想とする共同体を実現するためには、まず理想的個人を実現しようとしたのである。理想的個人が実現すれば、理想的な家が実現し、理想的な共同体、つまり国家（ここでは日本でいえば、藩程度の国）が実現し、次に天下（統一国家）が実現すると考えたのである。しかし2500年の歴史が示しているように、儒の思想家たちが求めた国家は実現しなかった。実現しなかった理由は何であるかは当然究明されなければならない。今、ここで私は2つの理由を挙げよう。まず挙げられることは、①理想的共同体は頭の中にあるだけであって実現すると考えてはいけない。プラトンがいうように、消極的にではあるが、我々を統制するものである。理想的共同体は我々が為政者として政治にかかわるとき、参考にするに過ぎない程度のものである。これを思い違いをすれば、つまり理想的共同体が実現するとすれば、現実には独裁者に、ヒットラーにならなければならないし、スターリンにならなければならない。カントによれば、人間は叡智的存在者であると同時に感性的存在者である。一方だけで生きているわけではない。つまり感性的存在者であることを放棄するならば、理想的共同体は頭の中だけで表象されるが、しかしながら我々は感性的存在者でもあるがゆえに、そ

のような共同体が実現しないのである。それでは儒の思想はまったく無価値のものであるかといえば、決してそのようなことはない。中国の歴史4000年、日本の歴史2000年という事実を考えるならば、それだけで十分であろう。

次に挙げられることは、②全体と部分、つまり共同体と個人との関係の問題である。この問題は、論理学の集合論で、例えば、個人・家庭・国家という概念を定義づけして適用すれば、解決される。しかしこれを現実に適用すれば、非常に危険となる。例えば、個人と家庭と国家が一体化する。そうすれば、個人が共同体の支配者になる。つまり個人と共同体とが一体になり、個人の意向が国家の意向になる。日本の天皇は、天を祭る中国の皇帝（中国で天を祭ることができるのは皇帝だけである）と同じであるとし、我々日本人の親であるとし、天皇が現人神とされた戦前のことを考えてみれば、理解される。別の例を挙げよう。一族に属するある一人が国家の対する犯罪を行ったとすれば、その一族は根絶されるということは中国ではよくあった。その理由は同じ考え方をする〔または同じ気（遺伝子）を持っている〕ということが理由であった。このことは日本における切腹を想起させる。一族の一人が切腹すれば、家が残るということと同じである。この理論は非常に合理的であるのであるが、個人と共同体は一体ではない。ここに理論と現実の間には越えることができない溝があるのである。さらに例を挙げるならば、ギリシアのゼノンのパラドックスの1つ、つまり弓の矢が的に届くことができないという論理を想起してほしい。同じ論理は中国にもあった。名家といわれた人々の一人、惠施の論理に、一本の杖を半分に折ることをどこまでも続けることができるというのがある。もちろん、ある一定の限界に至るならば、折半できなくなるのであるが、頭の中ではどこまでもできるのである。このことが理解された上で儒の思想に接するならば、その限界が理解される。著者はここで2つの理由を挙げた。しかしまだいくつかが挙げられるが、この問題はこれでとどめることにする。

儒の思想を考察するといいながらも、『五経』をまったく考察の対象することができなかったことは残念である。『五経』は、『四書』を理解するためには、前もっての理解が必要であるが、今回は、著者はできなかった。これからの研究課題である。

第Ⅱ部

道の思想

著者が一般に使用されている「道教」という術語を使用しないで、「道の思想」という術語を使用した理由は前にも述べたが、もう一度ここで確認しておく。「道」とは老子にいわせるならば、キリスト教のいうエホバの神に相当し、プラトンのいうデミウルゴスに相当する。つまり森羅万象の創造神である。我々は、道をエホバやデミウルゴスと同じように、象（かたど）ることはできない。西洋風にいうならば、「表象する」ことはできない。しかし老子の作品『老子』の読書を日課とした人々がいた。この人々の集団は「太平道」とか「五斗米道」といわれた。これらの集団の指導者は、張角・張陵・張魯であった。これらの集団は、どちらかといえば、宗教集団であった。これらの人々の思想を表現する「道教」と区別して、老子・列子・荘子の思想を表現するために、伝統的術語として「道家」という術語で一般に表現されてきたのであるが、著者が思想と人を区別するために、つまり「道の思想家」という術語を使用したいので、「道の思想」という術語を用いることにした。また 11 世紀以後「道学」という術語もあるが、この「道学」（別称＝性理学または新儒教）派の人々は 11 世紀以後の儒の思想家のことをいう。この人々からも区別する意味で「道の思想」という術語を使用した。

第5章

『老子』

1. 老子という人物

　老子という人物の出所進退はまったく不明である。数多くの本を読んでも老子という人物像は明らかにならない。著者が思うには、まったくの独断であるが、老子は想像上の人物であると思う。1つの例を挙げるならば、「生まれたときはすでに白髪で、600年生きた」という。つまり「白髪三千丈」である。老子は「楚の苦県の人で、姓は李氏、名は耳、字は伯陽、諡を耼」といったといわれるが、私は「孫悟空」に本名と字をつけた想像上の人物であると思っている。もしそうでないとすれば、何か証拠らしいものが、またそれらしい証言があるのが、普通である。しかしながら、老子に関してはまったくないのである。これは儒の思想に対抗するために、ある人が思いついた人物であると思うのである。しかしこれもまた著者の思いつきであって、まったくの独断である。独断は独断によってのみ打破されるからである。さらに老子の存在を立証するために、孔子が老子に教えを願ったが、孔子が「軽くあしらわれた」という話があるが、これは信用できない話であると多くの人々が実証している。また同じように、老子の存在を立証するために、次のような話もある。老子がこの世を捨て、あるところへ行こうとして、関所（函谷関＝蛇足であるが、中国ではこの函谷関を分岐点として、関東と関西に分ける）を通ったとき、そこの役人の長であった尹喜が老子に教えを願った。それが5,000文字からなる『老子』であるといわれるのであるが、この話も信用するに値するものであるかどうかは疑わしいのである。以上のことから老子という人物が存在したということを立証することは無理のように思われる。しかしながら、その思想は、儒の

思想と比較し、吟味に値するものであることは確かである。
　今、著者が老子を「想像上の人物」であるとした。その理由をいわなければならない。第Ⅰ部で伝説上の人物を数名挙げた。その中で、堯・舜・禹の三人は、それぞれ前の為政者が自分の子供がいるにもかかわらず、政権を禅譲し、また禅譲された人々として儒の思想家として尊敬されている人々である。この人々が伝説上だけの人物であって、歴史上実在したということではない。例えば、『徒然草』の18段で「許由」（もちろん、『荘子』でも扱われているが、吉田兼好がなぜ、許由だけを挙げたかは不明）が挙げられている。許由とは字を武仲といい、沛沢に隠棲したが、堯が政権を禅譲しようとするのを拒絶して、箕山に身を隠した。荘子は「他人の仕事に使われ、他人の楽しみの道具となり、自らの楽しみを楽しまない人間として」「狐不偕・務光・伯夷・叔齋・箕子・胥余・紀他・申徒狄」（『荘子』　大宗師第六　老子・荘子　上　新釈漢文体系　7　明治書院　249頁）などの人物を挙げているが、実在した思われる人物と伝説上の人物との区別が鮮明ではない。この中で実在した思われる人物は、伯夷・叔齋・箕子・胥余であり、伝説上の人物としては、狐不偕・務光・紀他・申徒狄の人物である。狐不偕は堯のときの賢人で、堯から位を譲るといわれ、川に投身自殺したといわれている。また務光は殷の湯王が夏の桀王を滅ぼした後、政権を禅譲しようとしていることを聞いて、石を背負い川に投身自殺したという。紀他は、務光に続いて政権を禅譲しようとするのを聞いて、川に投身自殺したという。また申徒狄は紀他に続いて川に投身自殺したという。この人たちは伝説上の人物であるが、道の思想家で尊敬された人々が歴史上実在した。その人々は「竹林の七賢人」と呼ばれた人々である。この人々は賢人ではあるが、政治にかかわることはなかった。賢人であれば、当然政治に関与するというのが儒の思想である。しかし道の思想からすれば、賢人であるからこそ、政治に関与しないというのである。ここにも儒の思想と道の思想との違いが明らかに示されている。なお、蛇足であるが、「竹林の七賢人」の名前を挙げておく。阮籍・嵇康・山濤・向秀・劉伶・王戎・阮咸の七人である。

2. 『老子』の構成と内容

　『老子』の構成は２つの部分に分けられる。研究者たちはいろいろな名称を使って分けているが、「新釈漢文大系　7　明治書院」では、上下という分類法をとっている。上の部分は道論であり、下の部分は徳論となっている。全体としては81の部分から成り立っているが、著者は、「章」という名称を使用することにする。上は37章までで、下は38章から最後までである。なお、訳は上に挙げた書を参照した。訳者は阿部吉雄氏と山本敏雄氏である。

第1章
道可道非常道。名可名非常名。無名、天地之始。有名、萬物之母。
故常無欲以觀其妙、常有欲以觀其徼。此兩者同出而異名。同謂之玄。
玄之又玄、衆妙之門。
　道を道とするならば、私のいう道は、一般の人々のいう道ではない。名前をつけて呼ぶとするならば、その名づけられるものは、従来のものとは違う。天地が開闢する前には名はなかった。すべてを生成させたものには母という名がつけられた。しかしこの母には名はなかった。常無（新プラトン派のプロティノスの「一者」が想起される）と呼んでよい。常無は道であり、常無をもって自己自身の、すなわち道の微妙な働きを見ようとし、母と呼ばれ、常無と呼ばれ、道と呼ばれるものから生成した常有の錯綜（混沌）を見ようとする。この常無と常有の本は同じものであるが、生成することによって別の名で呼ばれる。しかし、もし同じものを名づけて呼ぶとすれば、玄と呼ぶとしよう。玄とは奥深く、さまざままで微妙な現象を生み出す門である。

第3章
不尚賢、使民不爭。不貴難得之貨、使民不爲盜。不見可欲、使民心不亂。
是以聖人治、虛其心、實其腹、弱其志、強其骨、常使民無知無欲、
使夫智者不敢爲也。爲無爲、則無不治。
　賢者を変に尊敬するようなことをしなければ、一般の人々は無用な争いを起こさないものである。入手することが難しいもの、例えば、めずらしい宝石などを尊重

するということがなければ、人々に盗むということをさせない。欲しがるようなものを見せなければ、人々は心を乱すことはない。聖人と呼ばれる人々は、上述のことを自分で成し遂げ、また一般の人々にも上述のことをさせ、腹一杯にさせ、意欲を持たせないようにさせ、筋肉や骨を丈夫にさせ、あえて知者にならないようにさせ、無為を大事にするようにさせるならば、社会（天下）は落ち着いたものとなるであろう。

第5章
天地不仁、以萬物爲芻狗。聖人不仁、以百姓爲芻狗。天地之間、其猶橐籥乎。虛而不屈、動而愈出。多言數窮。不如守中。

　天と地（自然）は不仁である。天と地はすべてのものを麦わらで作った犬の飾り物と同じように扱う。聖人は不仁である。聖人はすべての人々を麦わらで作った犬の飾り物と同じように扱う。天と地との間には風を送り込む〈ふいご〉のようなものがある。しかしその働きは尽きることはない。それが働けば、それだけ万物は絶えず生成する。語り過ぎは逆に行き詰まるもので、程度を守ることが大事である。

第6章
谷神不死、是謂玄牝。玄牝之門、是謂天地之根。綿綿乎若存、用之不勤。

　谷神は死に絶えることはない。この神を玄牝（げんぴん）ともいう。つまり谷の奥にいて、神秘的であって万物を創造するのである。玄牝の門（第1章で述べた）であり、玄牝の門とは天と地の根である。営々と働き続け、万物を生み続けるのである。玄牝の門を使い続けるが、疲れることはないのである。

第8章
上善若水。水善利萬物而不爭。處衆人之所惡。故幾於道。居善地、心善淵、與善仁、言善信、政善治、事善能、動善時。夫唯不爭、故無尤。

　最善は水のようなものである。水は万物に利益を与え、決して争うことはない（つまり相手によって形を変える）。そして水は人々が嫌う低いところにある。それゆえ、逆に水は道に最も近くにある。その水のあるところは地にとって善である。心は淵のごとく善で奥深いものである。いったことは信じるに値するから善

である。政治(まつりごと)はよく治めることであるから、善である。物事を良く為すことは善である。適宜に動くときは善である。水のごとく他のもの（例えば、容器）と争うことがないから、それゆえ、咎められることがないのである。

第18章
大道廢有仁義。智惠出有大僞。六親不和有孝慈。國家昏亂有忠臣。
　偉大なる道が廃れたため、仁義ということがいい出されたのである。知恵のある者が出てきてからひどい偽りが行われるようになった。父・子・兄・弟・夫・婦の六親が争うようになったので、孝行や慈しみがいい出されるようになった。国家が混乱するようになったので、上下を保つために忠誠や従臣がいい出されたのである。

第28章
知其雄、守其雌、爲天下谿。爲天下谿、常德不離、復歸於嬰兒。知其白、守其黑、爲天下式。爲天下式、常德不忒、復歸於無極。知其榮、守其辱、爲天下谷。爲天下谷、常德乃足、復歸於樸。樸散則爲器。聖人用之、則爲官長。故大制不割。
　雄を知って、雌を護るならば、天下の人々の行き着くところとなり、人々の行き着くところとなるならば、変わることのない徳が宿り、離れることがない。それゆえ、幼児のごとく自然状態に立ち返るのである。白いもの知って、黒を守るならば（例えば、人間は初心を忘れるものであるが、そのようにならないように努めるならば）、人々の模範となる。天下の模範となるならば、徳は変わることなく、無極である道に復帰するのである。栄えるということは本質（人間は栄えることによって奢り昂ぶる）を知り、恥辱を守るならば（恥辱を受けないようにするならば）、人々の信望が集中する。そのようになるならば、不変の徳で満ち足り、原木に帰るのである。原木に手を加えることによって器となる。聖人は人々のよくすることを用いて、分担する役割を統括する。それゆえ、本当に偉大な制作は分割しないことである。

第30章
以道佐人主者、不以兵強天下。其事好還。師之所處、荊棘生焉。大軍之後、

必有凶年。善者果而已。不敢以取強。果而勿矜、果而勿伐、果而勿驕、果而不得已、果而勿強。物壯則老。是謂不道。不道早已。

　道をもって人を助けようとする人は、兵をもって天下を強くしようとはしない。物事には必ず報いがあり、返って来るものである。軍隊が駐留すれば、農地には荊(いばら)が生える。戦争の規模が大きければ、必ず凶作になる。善いことは、決断することであるが、しかし決断することによって強大になろうとしないことである。決断することによって尊大ならず、誇ることなく、傲慢になることなく、強くあろうとしないことである。止むを得ないときは、決断すること、すべてのものが強壮であれば、すぐ老いる。これを不道という。不道であるならば、それはすぐ滅び去る。

第32章

道常無名。樸雖小天下不敢臣。侯王若能守之、萬物將自賓。
天地相合以降甘露、民莫之令而自均。始制有名。名亦既有、夫亦將知止。
知止所以不殆、譬道之在天下、猶川谷之與江海。

　道は常に名づけようがない状態にあるのである。これをたとえていうならば、原木である。原木として道を本質とする人は、身が微小であるとしても、誰一人として彼を使役できないのである。王侯ごとき地位にあり権力を持つものが、このような道を守るならば、万物が自ら敬い帰服してくるだろう。天と地とが融合し、甘露の雨を降らし、人々は、命令されることがなくても、自然に等しく恩恵を受けるであろう。原木が器となるように、無名の道から生成し、名のある万物となったのであるが、とどまることを知ることが大切である。とどまることを知ることは危険から遠ざかることである。道が天下にあることを譬えるならば、あたかも川や谷の水が江海（長江と注ぐ海、また大きい川）に従い、ここに注ぐように万物は帰服するところである。

第38章

上德不德、是以有德。下德不失德、是以無德。上德無爲。而無以爲。
下德爲之、而有以爲。上仁爲之、而無以爲。上義爲之、而有以爲。上禮爲之、而莫之應、則攘臂而仍之。故失道而後德、失德而後仁、失仁而後義、失義而後禮。夫禮者忠信之薄而亂之首。前識者道之華而愚之始。
是以大丈夫、處其厚、不居其薄。處其實、不居其華。故去彼取此。

高い徳のある人は自分が徳を行っているという意識はない。だからその人は徳のある人であるといわれる。低い徳の人は徳を失わないように意識的に振る舞うのである。このような人こそ本当の徳がないのである。高い徳のある人は無為であり、したがって意識的に行動しているのではない。低い徳の人は意識的に行動し、意識的であったことを自覚している。高い仁のある人は人目につくように振る舞うが、しかし自分から事を為したという意識はない。高い義のある人は人目につくような行動をし、しかも自分から義ある行動したことを意識している。高い礼のある人は人目につくような行動をし、相手が礼を持って応えないときは、相手を強制して礼を行わせるようとする。このようなことから、道が失われた後に徳が現われ、徳が失われ後に仁が現われ、仁が失われた後義が現われ、義が失われた後に礼が現われたのである。そもそも礼などというものは、人の真心の薄れた結果、生じたものであり、争いの始めとなる。前もって知るという人は、知ということで華やかであるが、愚かなことである。だから立派な人は、厚い忠誠心を持ち、忠誠心は薄いということはなく、道に忠実であるから、知ということで華やかであることはない。それゆえ、私は前者を採るのではなく、後者の生き方（道）を採るのである。

第42章

道生一、一生二、二生三、三生萬物。萬物負陰而抱陽、冲氣以爲和。
人之所惡、唯孤・寡・不穀。而王公以爲稱。故物或損之而益、或益之而損。
人之所教、我亦教之。強梁者不得其死。吾將以爲教父。

　道が一（気）を生じさせ、一（気は理にしたがって）は二（陰と陽）を生じさせ、二は三（陰と陽との結合、つまり沖気）を生じさせ、三（沖気から）は万物を生じさせる（ここで議論されなければならないことがある。つまり気と理の関係である。気［質料］が理［形相］に基づいて作用するのか、気が集まって理が働き出すのかという問題です。この問題は簡単に片付くようなものではないからここでは省略する）。万物は陰の側面と陽の側面がある。沖気をもって和をなすのである。世の人々は嫌悪するものは、弧・寡・不穀（ふこく）ということであるが、王公が自分を弧・寡・不穀と呼ぶことはへり下った言い方である。事物というものは、減らせば、増える。増えれば、減るものである。人が子弟に教えていることを、私も人に次のことを教えよう。「いたずらに強きにまかせる者は、まともな死に方をしない」。私はこの言葉を教えの父としよう。

第46章

天下有道、却走馬以糞。天下無道、戎馬生於郊。罪莫大於可欲、
禍莫大於不知足、咎莫大於欲得。故知足之足、常足。

　天下に道があり、平和であるならば、戦場の馬はそれぞれの家に還され、農地を耕すために使用される。天下に道がなく、戦争が続くならば、雌馬も戦場に連れ出されるようになる。そのような状態になるのは、為政者の欲望以外の何物でもない。そのような欲望を許すことは禍いであり、それは十分に足りていることを知ることである。それゆえ、足るということを知って、満足するならば、足りないということが生じないから、常に足るのである。

第48章

爲學日益。爲道日損。損之又損、以至於無爲。無爲而無不爲。
取天下常以無事。及其有事、不足以取天下。

　学問を修めるならば、知が日々増えるであろう。道を修めるならば、知は日々減少するであろう。知を減らし、さらにまた減らすならば、ついには無為に至るであろう。無為の境地に至るならば、逆になしえないものは存在しないであろう。天下を手に入れるには、何もしないことである（何もしないことは、失敗しないことであるから、最大の功績をすることである）。もし注目されるようなことをすれば、欠点が目立つことになるから、天下を取ることはできないであろう。

第51章

道生之、德畜之、物形之、勢成之。是以萬物、莫不尊道而貴德。
道之尊德之貴、夫莫之命、而常自然。故道生之、德畜之、長之、育之、成之、
孰之、養之、覆之、生而不有、爲而不恃、長而不宰、是謂玄德。

　道がこれ（万物）を生成させ、徳がこれ（万物）を養い、形を獲得して、その勢いが万物を万物たらしめるから、万物は成り立つのである。万物は道を尊ばないということはなく、徳が貴くないということはない。道は万物を尊び、徳は万物を貴いとする。これは命令ではない。自然である。ゆえに、道がこれ（万物）を生成させ、徳がこれ（万物）を養う。万物を長命させ、育み、成長させ、熟成させ、養い、護るのである。生じても自分のものとはせず、その行為の結果を頼まず、成長させても支配しないことを（道の）徳という。

第52章
天下有始、以爲天下母。旣知其母、復知其子。旣知其子、復守其母、
沒身不殆。塞其兌。閉其門、終身不勤。開其兌、濟其事、終身不救。
見小曰明、守柔曰強。用其光、復歸其明、無遺身殃。是謂習常。

　天下（現象物）には始めがあり、その始めが天下（現象）の母となった。（私は）すでにその母（道）を知り、その子であることを知っている。その本たる母を護るならば、その一生は安泰である。その穴を塞ぎ、門を閉じるならば（身持ちをよくするならば）、一生涯苦労することはない。その穴を開き、それにしたがって生じることを行うならば（身持ちがよくないならば）、一生救われることはない。

第59章
治人事天莫若嗇。夫唯嗇、是以早復。早復、謂之重積德。重積德則無不克。
無不克則莫知其極。莫知其極、可以有國。有國之母、可以長久。
是謂深根固柢。長生久視之道。

　人を治め、天に事（つか）えるためには、節約が最もよい方法である。節約しているならば、早く本に帰ることができる。ここで早く回復する。このことを「德を重ねる」という。德を重ね続けるならば、克服できないものはない。克服できないものがないならば、その限界は知られ得ないのである。その限界が知られ得ないのであれば、国を保ち、安泰させることができる。国を保ち、安泰させるものは母である。したがって長命させる。このことは根底を深くして、固定させる。もしそれができれば、不老長生の道である。

第60章
治大國若烹小鮮。以道莅天下、其鬼不神。非其鬼不神、其神不傷人。
非其神不傷人、聖人亦不傷。夫兩不相傷、故德交歸焉。

　大国を治めるということは小魚を煮ることと同じである。それは無為である。無為の道で天下を治めるならば、その神のような力（鬼）が人々に禍を与えることはない。その神のような力が人々を傷つけることはない。その力は人々を傷つけないだけではなく、聖人もまた人々を傷つけることはない。鬼も聖人も共に人々を傷つけることはないから、両者は天下の安泰を保ち得るのである。

第62章

道者萬物之奧、善人之寶、不善人之所保。美言可以市、尊行可以加人。人之不善、何棄之有。故立天子置三公、雖有拱璧以先駟馬、不如坐進此道。古之所以貴此道者何。不曰以求得、有罪以免耶。故爲天下貴。

　道は万物の奥にあり、善人は宝である。不善なる人はこれによって安んじて、生かされるのである。道を述べる立派な言葉は売る（市）ことができ、尊い行為は人に利益を与えることができる。不善なる人でさえもこれを捨てることはできない。このように道は貴重な働きをなすから、天子がおかれ、三公（重要な三官職）がおかれ、天下の政治が議論される。玉を手に持って、四頭だての馬車を献上する人よりも、道を進言するものがどれほどのものを贈っているかは分らない。古人が道を尊んだ理由は明らかではない。道によって求めれば、得られ、罪ある者もその道によって免れられるといわれている。それゆえ、道は天下で最も貴いものである。

第81章

信言不美、美言不信。善者不辯、辯者不善。知者不博、博者不知。聖人不積。既以爲人、己愈有。既以與人、己愈多。天之道、利而不害。聖人之道、爲而不爭。

　真実なる言葉は美しく飾られていない。美しく飾られた言葉には真実はない。善き行いをなす者は多くを語ることはない。多くを語る者は善き行いをしない。真の知者の知識は広くないが、広い知識のある者は真の知識はない。聖人は自分のために知識を蓄積することはなく、ことごとく人のために蓄積するのである。人に与えることによって感謝され、そのことによって自分のための知識を所有するようになる。聖人は自分のものを与えることによって、自分の知識はますます多くなる。天の道は万物を利するのみで、害することはない。聖人の道はすべて人のためになすことで、争うことではない。

3. 批評

　中国人にとって「道」は、生きるための方法を表現するのであるが、『老子』においては、人間の存在の根拠であり、否、天地開闢を可能ならしめたのであり、したがって人を創造したのであった。よくいわれるように、儒の思想は集団の中での在り方を主要事としているのに対して、道の思想は個人の在り方を

主要事としている。しかし中国において道の思想家が「個人」を獲得できなかった。もちろん、ここでいう個人はヨーロッパの思想における個人主義の意味での個人である。ヨーロッパにおける個人はキリスト教という普遍宗教を基盤にして成り立っていたのである。したがって、ヨーロッパにおける国境は経済上のものであって、しかも近代に至って生じたものであった。中国において儒の思想（中国という国の中でのみ普遍であった）が根底にあって、道の思想家がいたのであった。このように理解するならば、ヨーロッパも中国も同じ構造をしていたのであるが、中国ではヨーロッパ的な個人主義へと進展しなかったのである。つまり普遍という形式を基盤にして内容としての個人というものは存在しなかったのである。

　唐の為政者の姓は「李」であったことを想起してください。老子の姓も「李」であった。唐の先祖は、「鎮（＝匈奴に備えての城砦）」で守備隊の一人であった。唐の皇帝は姓が同じであるということで老子に親しみを持ったようである。中国において道の思想が最も華やかに開花した時代は唐の時代であった。それは特に詩においてである。代表的詩人として、杜甫・李白・白楽天（白居易）・柳宗元・王維などが挙げられる。また絵画の領域では、北画では李思訓・李昭道、日本にはこの人々の影響を受けた雪舟、狩野派の人々おり、南画は王維を祖とし、呉道子がおり、日本では池大雅、与謝蕪村などの人々が挙げられる。書道の領域では、張旭（草書）・顔真卿（がんしんけい）（楷書）・即天武后（飛白）などの人々が挙げられる。また散文においては、韓愈・王維などがいた。もちろん、この人々は日本の芸術に大きな影響を与えたことはいうまでもない。

　老子にかかわることとして「黄老」の思想という術語がある。これは明らかにこじつけであると思われる。「黄」は黄帝の黄であり、老は老子の老であることは確かであるが、黄帝はたぶん伝説上の人物であり、中国人にとって文化の創始者といわれる。老子は文化または文明の否定者である。老子も為政を否定しているわけではないが、しかし消極的にのみ政治と関わることを説いたのである。この意味で黄帝と老子とは結びつかないのである。しかし先に述べたように、中国においては儒の思想が根底にあったとすれば、「黄老」の思想という術語は承認されるのである。

第6章
『列子』

1. 列子という人物

　列子（列禦寇）は、老子と同じように、出所進退は不明である。『列子』の一番最初に次のような文章がある。「子列子居鄭圃四十年　人無識者（列子先生は40年〈鄭圃〉鄭の国の田舎［畑］に住んでいたが、人々は彼のことを知らなかった）」というこの文章から推論できることはまったく老子と同じである。続いて次のような文章がある。列子が出国しようとしたとき、弟子たちは先生が出国したらいつ戻って来るか分からないので、出立する前に、列子先生の先生壺丘子の教えを話してくれるように懇願した。それに対して、列子は弟子たちに壺丘子の教えを披露するのである。この場面を老子が関所の役人に語った結果が『老子』という作品になったことを想起するならば、老子と列子の類似性が理解される。列子は実在した人物であるかどうかは疑わしいのである。列子の出所進退を明らかにすることを目的としていないので、究明しないことにする。本題に入ることにするが、全体的に文章が長いので、短く適切と判断される箇所を、また長いところは短くして引用することにする。訳は『列子』（明治書院　真釈漢文体系　22　小林信明著）を参照した。

2. 『列子』の構成と内容

　『列子』は全体として8部、149章から成り立っていてかなりの量である。この中から著者の主観と独断で引用するから、著者の引用した文章で『列子』を理解したと即断しないでください。専門的に研究しようとする人は自分で確

認してください。

〔1部〕天瑞　第2章
子列子曰、昔者聖人、因陰陽以統天地。夫有形者生於無形、則天地安從生。
故曰、有太易、有太初、有太始、有太素。太易者、未見氣也。太初者、
氣之始也。太始者、形之始也。太素者、質之始也。氣形質具而未相離、
故曰渾淪。渾淪者、言萬物相渾淪、而未相離也。

　列子先生が次のようにいいました。「昔、聖人は陰陽の変化を通じて天と地を理解したのである。陰陽によれば、有形のものは無形となり、無形のものは有形となる。森羅万象はどのようにしてどこから生成したのであろうか。次のようにいわれている。太易・太初・太始・太素がある。太易とは感覚で捉えることのできないものである。太初とは太易から展開し、形成された宇宙の形態の根源をいう。太始とは宇宙の形態の根源が敬称として展開する際をいう。また太素とは形象を持ったものが、性格（個性）を持ったときをいう。（ここで老子の天地創造の始めを想起してください。）気と理とが1つとなっている状態を渾淪という。渾淪とは万物が渾然として分離していない状態をいう。

〔1部〕天瑞　第7章
孔子遊於太山。見榮啓期行乎郕之野。鹿裘帶索、鼓琴而歌。孔子問曰、
先生所以樂、何也。對曰、吾樂甚多。天生萬物、唯人爲貴。而吾得爲人。
是一樂也。男女之別、男尊女卑。故以男爲貴、吾旣得爲男矣。是二樂也。
人生有不見日月、不免襁褓者。吾旣已行年九十矣。是三樂也。貧者士之常也、
死者人之終也。處常得終、當何憂哉。孔子曰、善乎、能時寬者也。

　ある時、孔子が太山に出かけた。栄啓期（えいけいき）が郕（せい）の郊外を通り過ぎるのを見た。彼は鹿の皮の服を身につけ縄の紐で結び、琴を弾きながら歌っていた。孔子が「先生の楽しみとするものは何ですか」と尋ねた。栄啓期は「私の楽しみは多いですよ。第一、天は万物を作ったが、その中で人間だけが貴いとした。私が人間として生まれた。これは一番の楽しみである。人には男女の別があり、男は尊敬され、女は蔑視される。そこで男は貴いとされ、私は男であり、これが二番目の楽しみである。人として生まれたにもかかわらず、太陽と月をも見ることがなく死んで行く者もおり、幼くして死ぬ者もいる。私はすでに90歳になる。これが三番目の楽しみであ

る。貧乏は士（教養ある人）にとって当たり前のことである。死は人間にとって避けることができないものである。士という身分で、人生が終わるとすれば、特に憂えるべきことなどないのではないか」と応えた。これを聞いた孔子は「なかなかできた男だ。考え方に余裕がある。」といった。

〔2部〕黄帝　第7章
周宣王之牧正、有役人梁鴦者。能養野禽獸、委食於園庭之内。雖虎狼・
鵰鶚之類、無不柔馴者、雄雌在前、孳尾成羣、異類雑居、不相搏噬也。
王慮其術終於其身、令毛丘園傳之。梁鴦曰、鴦賤役也、何術以告爾。
懼王之謂隱於爾也、且一言我養虎之法。凡順之則喜。逆之則怒。
此有血氣者之性也。然喜怒豈妄發哉、皆逆之所犯也。

　周の宣王の牧畜を管理する役人の長に、梁鴦(りょうよう)という人がいた。この男は、野生の鳥や獣を飼育する能力があり、庭園内で飼っていた。虎や狼のような猛獣から鷲のような猛禽、おとなしく馴れないものはなく、……「私は卑しい身分の者ですが、虎の飼い方をお話しましょう。……そもそも虎のような猛獣を飼うには、餌として生きものは絶対にやらない。なぜならば、猛獣が生きものを殺すとき、怒りの心を惹起する恐れがあるからである。また（例えば、兎とか鹿）そのものは絶対にやらない。なぜならば、猛獣は餌に手を加えていないと、その餌を食べるのに怒りの心を惹起するからである。要するに、猛獣の腹の状態を考え、怒りを起させないようにすれば、柔順である。もともと人と虎は違うのであるが、虎が人に従うのは人が虎に従うからである。虎が人を危めるのは、人が虎の気持ちに逆らうからである。虎を怒らせてはいけないが、虎のご機嫌ばかりとつて喜ばせるのもよくない。喜びの反作用は怒り、怒りの反作用は喜びである。このようなことが生じるのは中庸を失っているからである。今の私は、逆らうことがなければ、合わせることがない。鳥や獣は、私を仲間として見て、庭園の中を歩き回り、高い樹木や沢地を求めることなく、山や谷を恋しがるものもいない」。

〔2部〕黄帝　第16章
楊朱過宋、東之於逆旅、逆旅人、有妾二人。其一人美、其一人惡。惡者貴、
而美者賤。楊子問其故。逆旅小子對曰、其美者自美。吾不知其美也。
其惡者自惡。吾不知其惡也。楊子曰、弟子記之、行賢而去自賢之行、

安往而不愛哉。

あるとき、楊朱が宋の国を通りかかって、東の地域に宿をとった。宿屋の主人は妾二人を囲っていた。一人は美人で、もう一人は醜女であった。ここでは醜女が優遇されていた。美人は冷遇されていた。楊朱が理由を尋ねた。宿屋の下男がいうには、「美人はプライドが高く、こちらから見るならば、自分の美しさを知らない。他方、醜女は自分の醜さを知っており、何事に関しても控えめにしている。こちらからすれば、醜いということは何の苦にもならない」ということである。これを聞いて楊朱は若い人々に「諸君、忘れてはいけない。立派な行動ができながら自分で鼻にかけるようなことをしないならば、どこへ行っても必ず大事にされるに違いない」といった。

〔3部〕周穆王　第6章
子列子曰、神遇爲夢、形接爲事。故晝想夜夢、神形所遇。故神凝者、想夢自消。信覺不語、信夢不達。物化之往來者也。古之眞人、其覺自忘、其寢不夢。幾虛語哉。

列子先生は次のようにいいました。「精神上の現象は夢といわれ、感覚上の問題を出来事という。醒めている昼間いろいろと物事を考え、寝ている夜に夢を見るのは、感覚が原因でなければ、精神が原因である。したがって精神が安定している場合には、考えることも夢をみることも自然でなくなるはずである。もし目覚めているときの出来事を真実であると信じこんでいる人がいたら、その人はまだ本当の話ができないのである。夢で見たことを真実と思い込んでいるならば、その人はまだ悟りを開いていないのである。醒めているときの出来事も、夢の中の出来事も変化の中の1つである。かつての真人は、醒めている時の自分を意識することを忘れ、寝ているときは夢を見ることはなかったというが、これは嘘ではないであろう」。

〔4部〕仲尼　第1章
仲尼閒居。子貢入侍、而有憂色。子貢不敢問。出告顏回。顏回援琴而歌。孔子聞之、果召回入、問曰、若奚獨樂。回曰、夫子奚獨憂。孔子曰、先言爾志。曰、吾昔聞之夫子。曰、樂天知命。故不憂。回所以樂也。孔子愀然有閒。曰、有是言哉。汝之意失矣。此吾昔日之言爾。請以今言爲正也。汝徒知樂天知命之無憂、未知樂天知命、有憂之大也。今告若其實。

あるとき、仲尼（孔子）がくつろいでいた。そこへ弟子の子貢が入って来たとき、孔子の顔色がすぐれない様子であった。子貢は敢えて尋ねようとはしなかった。子貢はそこから離れて、このことを顔回に告げた。すると顔回は琴を引き寄せ、かき鳴らし、歌をうたった。孔子はこれを聞いて、顔回を呼び寄せ、尋ねた。「君はどうしてそんなに楽しそうにしているのか」。顔回は「先生はなぜそんなに憂いを持っているのですか」と尋ねた。すると孔子は「まず君の考えを述べなさい」といわれた。顔回は「私は以前先生から次のようなことを聞きました。つまり『天から受けたものに満足して、自分に負わされた使命を自覚した人がいる。そのような人は憂えることがない』ということです。これは私が楽しんでいる理由です」と答えた。孔子はしばらく間をおいて次のように応えた。「何ていうことだ。君の考えは間違っている。それは以前の状況における心境を述べたのであって、今日とは違う。君はただ天から受けたものに満足して、自分に負われた使命を自覚した者が憂いを抱かないということを知っているだけで、天から受けたものに満足し、自分に負わされた使命を自覚し、憂いを持つということの偉大さについて理解していない。君に本当のことを話すとしよう」。

〔4部〕仲尼　第16章
知而忘情、能而不爲、眞知眞能也。發無知、何能情。發不能、何能爲。聚塊也、積塵也。雖無爲、而非理也。

　知を備えていながら、心の働きを忘れ、能力を持っていながら、それを使用しないということを真なる知と、真なる能力を持っているという。もし道に遭遇してもそのことを知ることができないとしたら、心の働きを持たないことである。それは土の塊であり、塵が積み重なったものである。それだからなすことがないといっても、理にかなっていないことではない。

〔8部〕説符　第1章
子列子學於壺丘子林。壺丘子林曰、子知持後、則可言持身矣。列子曰、願聞持後。曰、顧若影、則知之。列子顧而觀影。形枉則影曲、形直則影正。然則枉直隨形、而不在影。屈伸任物、而不在我。此之謂持後而處先。

　列子先生は壺丘子林のもとで学問を修めた。あるとき、壺丘子林「君が自分のことを後回しにするということを理解したとき、自分の身を保持できる」といった。

列子が「どうか自分のことを後回しにするということについてご教示ください」というと、壺丘子林は「君の姿の映った像をよく観察してみたら、私のいうことを理解するであろう」と答えた。これを聞いた列子は、自分の像をよく観察した。その結果、像の映る物体が曲がっていれば、像が曲がっており、像の映る物体がまっすぐならば、像がまっすぐであることが理解される。像が曲がっているか、まっすぐかは像の問題ではなく、映る物体の問題である。ここから判断されることは、像がどのように映るかは像の問題ではなく、像の映る物体の問題である。これが「自分のことを後回しにする」ということであって、後回しにすることによって、逆に先に立つのである。

〔8部〕説符　第2章
關尹謂子列子曰、言美則響美、言惡則響惡。身長則影長、身短則影短。名也者、響也。身也者、影也。故曰、愼爾言。將有和之。愼爾行。將有隨之。是故聖人、見出以知入、觀往以知来、此其所以先知之理也。度在身、稽在人。人愛我、我必愛之。人惡我、我必惡之。湯・武愛天下、故王。桀・紂惡天下、故亡。此所稽之也。稽度皆明、而不道也。譬之、出不由門、行不從徑也。以是求利、不亦難乎。嘗觀之神農・有炎之德、稽之虞・夏・商・周之書、度諸法士・賢人之言、所以存亡・發興、而非由此道者、未之有也。

　（函谷関の役人の）尹子（尹喜）は列子先生に次のようにいった。「言葉（声）が美しいならば、その響きも美しい、言葉（声）が汚いならば、その響きも汚い。身長が高ければ、影が長い、身長が低いならば、影が短い。言葉（声）は響き（名声）にかかわり、（世間から評価される本体としての）身は影のようなものだ。ゆえに次のようにいわれる。『慎んでものをいいなさい。すぐそれに応じた和があります。慎んで行動しなさい。すぐそれに応じて追従するものがある』。このようなことから、聖人は出て行くものを見て、入ってくるものを想定し、過ぎ去って行くものを見て、来るものを知る。このようなことを把握している聖人は事柄をよく理解する。実践の責任は自分にあり、評価は他人がする。しかし相手が愛情を持って接するならば、自分もまた愛情を持って接する。相手が憎しみを持って接するならば、自分もまた憎しみを持って接する。殷の湯王や武王は天下の人々を愛した結果、天子であったし、夏の桀王や殷の紂王は天下の人々を憎んだ結果、亡んだのである。以上を考え合わせると、明らかなことは、人々はなかなか道理に従おうとし

ないのである。これを譬えていうならば、家から外出する場合に門から出ることはしないとか、また歩くときは道を歩かないというようなことである。こんなやり方でうまくいくようにと願うことは無理である。私はかつて神農（農業の神）や炎帝（古代の神で神農と同じ場合と、また夏という季節における神をいう、また太陽をいう場合もある）を堯舜の時代から、夏・殷・周の三代の記録を比較し、古来の礼法制度に従って、徳を持つ立派な人々のいったことを調べてみたことがあるが、存続したり、滅亡したり、台頭したり、廃れたりすることは道理で、この道理に基づかないものは何一つとしてないのである」。

〔8部〕説符　第5章
列子曰、色盛者驕、力盛者奮。未可以語道也。故不斑白、語道失。
而況行之乎。故自奮、則人莫之告。人莫之告、則孤而無輔矣。賢者任人。
故年老而不衰、智盡而不亂。故治國之難、在於智賢、而不在自賢。
　列子は「容貌という点で美しい盛りにある人は、美しさを自慢し、他人を見下すものである。体力が盛りである人はとかく力を発揮したがるものである。このような状況にある人は道理を語るに値しない。髪の毛に白髪が混じる前に道理について語ることは相応しいことではない。また実践することも相応しいことではない。興奮している人に善なることを告げる人はいない。善なることを告げないならば、その人は孤立し、助ける人はいない。しかし賢人は、人に任せて自分を見せようとしない。それだから年をとっても衰えを見せず、知という点で乱れることはない。それゆえ、国家を治めるために生じる困難とは、賢人を見いだすことであり、自分を賢人として見せることではない」といった。

〔8部〕説符　第7章
子列子窮、容貌有飢色。客有言之鄭子陽者。曰、列禦寇、蓋有道之士也。
居君之國而窮。君無乃爲不好士乎。鄭子陽、即令官遺之粟。子列子出見使者、
再拜而辭。使者去、子列子入。其妻望之、而拊心曰、妾聞、爲有道者之妻子、
皆得佚樂。今有飢色、君遇而遺先生食、先生不受。豈不命也哉。
子列子笑謂之曰、君非自知我也。以人之言而遺我粟。至其罪我也、
又且以人之言。此吾所以不受也。其卒、民果作難、而殺子陽。
　列子先生が生活に困窮し、容貌にそれが見て取れた。鄭の国の客人となっている

人が、このことを鄭の大臣である子陽に申し上げた。「列禦寇は立派な行為をする人物である。この男はあなたの国に住んで苦しんでいますが、あなたがよく待遇していないからではないでしょうか」。そこで子陽は、早速、役人に命じて列子のところに穀物を届けさせた。列子先生は、使者の前に進み出て、礼をして辞退した。使者は立ち去り、列子先生は部屋に戻った。そこで奥さんが胸を叩きながら怒り、列子に「私は、『立派な行いをする人物の妻や子は、安楽な暮らしができる』というように聞いていました。しかし今、私たちは食に飢え、主君は食料を送り届けたのに、あなたは断った。主君のおぼしめであったのに」といった。これを聞いて列子笑いながら、「わが主君は自分で私を理解してくれたわけではない。人の言葉を聞いて私に穀物を届けたに過ぎない。もし主君が私を処罰することになったら、人の言葉に影響されるだろうから、贈り物を受け取らなかった理由である」といった。その後、鄭の人々は反乱を起して、子陽を殺してしまった。

〔8部〕説符　第14章
宋人有好行仁義者、三世不懈。家無故、黒牛生白犢。以問孔子。孔子曰、此吉祥也。以薦上帝。居一年、其父無故而盲。其牛又復生白犢。其父又復令其子問孔子。其子曰、前問之而失明。又何問乎。父曰、聖人之言、先迕後合。其事未究。姑復問之。其子又復問孔子。孔子曰、吉祥也。復教以祭。其子帰致命。其父曰、行孔子之言也。居一年、其子又無故而盲。

　宋の国に、楽しんで仁義を行う人がいて、三代にわたって怠けず務めていた。家に特別なこともないのに、黒い牛が白い牛を産んだ。このことを孔子にたずねたら、「これは吉兆である。子牛を天の神様に供えてください」といった。それから一年経って、その家の主人は、特別なこともないのに、突然目が見えなくなってしまった。ある日、かの黒い牛が今度もまた白い牛を産んだ。主人はまた息子にいいつけて孔子の意見を聞こうとした。息子は、「この前孔子に意見を聞いて、目が見えなくなるという結果になった。重ねて意見を聞く必要がないのではないでしょうか」といった。これに対して、主人は「聖人のいうことは、始めはくい違っても、後にはつじつまが合うものである。事件はまだ決着ついていない。もう一度聞いてくれ」といった。そこで息子は今度も孔子にたずねた。すると孔子は「これは吉兆である」といって、天を祭るようにいった。息子は家に帰って報告すると、主人は「孔子のいう通りにしなさい」といった。それから一年経って、今度は息子の目

が見えなくなってしまった。

〔8部〕説符　第21章
東方有人焉、曰爰旌目。將有適也、而餓於道。孤父之盜曰丘。見而下壺餐、以餔之。爰旌目三餔、而後能視。曰、子何爲者也。曰、我孤父之人丘也。爰旌目曰、譆、汝非盜邪。胡爲而食我。吾義不食子之食也。兩手據地而歐之、不出。喀喀然、遂伏而死。孤父之人、則盜矣。而食非盜也。以人之盜、因謂食爲盜、而不敢食。是失名實者也。

　東のある国に爰旌目（あんせいもく）という人がいた。あるところへ出かけて行こうとしたところ途中で食べ物がなくなり、死にそうになった。孤父（こふ）という土地に、丘という名前の泥棒がいた。爰旌目の様子を見て、水につけた飯を差し出した。爰旌目は三口ばかり食べ、見つめて「君はどういう人ですか」と尋ねた。これに対して、「私は孤父という土地の者で、丘といいます」と応えた。「泥棒ではないか。どうして私に飯を食わせたのか。道理からして私はお前がくれたものを食べるわけにはいかない」といって、両手を地について食べ物を吐こうとしたのであるが、できなかった。げえげえしていたが、突然死んでしまった。確かに孤父の土地の人は泥棒であるが、食べ物は泥棒と関係ない。人が泥棒であるからといって、食べ物を泥棒と一体とすることによって、泥棒がくれた食べ物を食べないということは名と実との混同であった。

〔8部〕説符　第27章
昔、人言有知不死之道者。燕君使人受之。不捷、而言者死。燕君甚怒其使者、將加誅焉。幸臣諫曰、人所憂者、莫急乎死、己所重者、莫過乎生。彼自喪其生。安能令君不死也。乃不誅。

　昔、死なない方法を知っているという者がいた。これを聞いた燕の国の君主は、使者を送ってその方法を聞き取ろうとした。しかし急がなかったので、その人は死んでしまった。燕の国の君主は、その使者に大変腹をたて、まさに死刑にしようとした。しかしながら、ある家来が君主を諫めて、「人々が心配していることは、死ぬということよりも切実な問題はない、自分が大事にすることといえば、命よりも大切なものはありません。死なない方法を知っているといった彼自身が命をなくしてしまったのです。どうして君主といえども死なずに済ませることができるで

しょうか」といった。それを聞いて君主は使者の死刑を止めた。

〔8部〕説符　第28章
邯鄲之民、以正月之旦獻鳩於簡子。簡子大悅、厚賞之。客問其故。簡子曰、
正旦放生、示有恩也。客曰、民知君之欲放之、競而捕之、死者衆矣。
君如欲生之、不若、禁民勿捕。捕而放之、恩過不相補矣。簡子曰、然。
　（晋の国の）邯鄲の住民が、正月元旦に鳩を趙簡子に献上した。簡子は大変喜び褒美を与えた。ある客がその理由を聞いた。その理由「正月の元旦に生き物を逃がしてやって、私の恵みの深いことを世に示そうと思う」ということであった。その客人は「人々があなたがこれを逃がしてやろうとしているのを知ったら、褒美を貰うため策をねり、競争して捕らえ、あなたに献上するであろう。もしあなたが鳩を生かそうとするならば、鳩を捕らえることを禁止すべきである。捕らえて放すならば、最初から捕らえない方がよい」といった。簡子は「そうだね」と応えた。

〔8部〕説符　第35章
昔、齊人有欲金者。淸旦衣冠而之市、適鬻金者之所、因攫其金而去。
吏捕得之。問曰、人皆在焉。子攫人之金何。對曰、取金之時、不見人。徒見金。
　昔、齊の国の人で銅を欲しがる者がいた。ある晴れた朝、服装を整えて市場へ出かけて行き、銅を売買する店に姿を現わし、銅を手にして店を出た。役人が彼を捕らえ、「多くの人たちがいたのに、君が他人の銅を盗み取ることをするなんて、どういうことか」と尋ねた。彼は「銅を手にしたときは、人は目に入らなかった。ただ銅だけが目に入った」と応えた。

3.　批評

　列子という人は出処進退の不明な人物であるといった。この意味では老子とまったく同じであるが、多少の違いがある。例えば、引用した〔8部〕説符　7章（82頁）や『荘子』の中の「列禦寇」（引用していない）という章を考え合わせると、「まったく架空の人物とすることも困難なのではなかろうかと考えられる。結局のところ、少なくとも、荘子に先んじて戦国時代の初期の

ころ、鄭の国にいた道術の徒として想定せられる列禦寇という人物像は、早くから成立して世に知られていたと考えられるのである。ただ、列子の身世(そのもの)と列子書(つまり『列子』)の真偽との間には、なお、おのずから隔たりがある」(新釈漢文体系 22 列子 小林信明著 2〜3頁)。このことから列子(列禦寇)という人物は、実在した人物であるか、架空の人物であるかは結論を出すことは著者にはできないのである。

　思想ということに限定するならば、老子・列子・荘子の三者を明確に区別することは不可能である。あえて列子の特色を述べるならば、列子は老子と荘子の中間にあり、どちらかといえば、荘子に近いということである。列子には老子のような天地開闢論はないし、荘子のような理論はないということである。荘子の理論は、どちらかといえば、恵施、公孫龍など名家といわれる人々に近いのである。つまり荘子の理論には空論と見なされる部分がある。列子には荘子ほどの大袈裟な表現もないし、人を惑わすような表現もない。しかし列子の死生観を見ると、仏教の影響の痕跡が見られるのである。上掲書の 40 頁に「故死於是者　安知不生於彼」とあり、「ここで死とされることは、よその地で生まれることであるかも知れない」と訳されるとすれば、『般若心経』の最後の部分、つまり「掲帝　掲帝　般羅掲帝　般羅僧掲帝　菩提僧莎訶(概訳すれば、此岸で死んだ者は彼岸で生まれるから悲しいことではない、彼岸で生まれる者よ、幸いあれ)」が想起される。もしここが仏教の影響であるとすれば、この作品が紀元後に書かれたということになる。また仏教の影響でないとすれば、中国人にも輪廻の思想があったということになる。しかし孔子の思想は、この世のことも分からないのに、ましてや彼岸のことは分からないということを原則としていたのであるから、もちろん、儒の思想家は輪廻のことは言及しないと著者は思うし、また道の思想家であっても、紀元前の人は輪廻には言及しないと思う。以上のことからしても、列子という人物は不明である。

第7章
『荘子』

1. 荘子という人物

　荘子は紀元前の楚の人である。前にも述べたように、老子または列子は実在した人物であるかどうかは結論を出すことはできない。しかし荘子は、その実在を否定した書物に著者は出会ったことはないので、間違いなく実在した人物であろう。荘子は荘周（B.C.369～?）といわれ、字は子休といわれ、楚の国の蒙（今の河南省の北部）の出身で、漆（ウルシの樹液を採集する）畑の下級の役人であったといわれている。孔子や老子と比較するならば、名家の恵施を相手として議論していることを考えるならば、なかなかの名手であり、議論の好きな人物であったと思われる。
　荘子は、老子と一体化されて老荘といわれるように、その思想は老子からかなりの影響を受け、二人の思想を区別することは難しい。しかし方法にかなりの違いがあるように思われる。このことを具体的に文を引用することによって示そうと思う。

2. 『荘子』の構成と内容

　『荘子』は大きく三部、つまり内篇・外篇・雑篇から成り立っている。文字数は約10万語であるといわれる。簡単にいえば、『老子』の約20倍ある。『荘子』全体を理解しようとすれば、かなり時間と努力が必要である。そこで私は「内篇」だけに限定することにした。前にも述べたことであるが、著者が取り上げた引用文だけで、その人の思想をすべて理解したと思い違いしないでくだ

さい。内篇は7つの章から成り立っていますが、それぞれの章は非常に長い。それゆえ、中略が多くなります。なお、訳は市川安司氏と遠藤哲夫氏の役を参照した（新釈漢文大系　7　荘子　上　明治書院）。

第1章　逍遥遊

北冥有魚、其名爲鯤。鯤之大、不知其幾千里也。化而爲鳥。其名爲鵬、
鵬之背、不知其幾千里也。怒而飛、其翼若垂天之雲。是鳥也、
海運則將徙於南冥。南冥者、天池也。齊諧者、志怪者也。諧之言曰、
鵬之徙於南冥也、水擊三千里、搏扶搖而上者九萬里、去以六月息者也。

　北の海（具体的にはどこの海か不明、バイカル湖？）に鯤という魚がいた。その大きさは幾千里（1里＝約400m）あるか分からない。変態（例えば、さなぎが蝶になることを変態という）して鵬という鳥になった。その鵬の大きさは幾千里あるか分からない。飛び立つとその翼の広さは垂れ込めた雲のようであった。この鳥は海が荒れると、南海に移ろうとする。南海とは天池である。齊諧（さいかい）とは怪奇な物語を載せてある書物であり、その書物には次のように書いてある。この鳥が南海へ移ろうとするとき、水は3千里にわたって水しぶきを立て、その鳥が羽ばたくと、つむじ風が起こり、その鳥は9万里も飛び上がり、南を目指して飛び、6か月後に休息する（まったく架空の話か？）。

蜩與鸒鳩笑之曰、我決起而飛、槍榆枋。時則不至而控於地而已矣。
奚以之九萬里而南爲。適莽蒼者、三飡而反、腹猶果然、適百里者、宿舂糧、
適千里者、三月聚糧。之二蟲又何知。小知不及大知、小年不及大年。
奚以知其然也。朝菌不知晦朔、蟪蛄不知春秋。此小年也。楚之南有冥靈者。
以五百歲爲春、五百歲爲秋。上古、有大椿者。以八千歲爲春、八千歲爲秋。
而彭祖乃今以久特聞。衆人匹之、不亦悲乎。

　蟬と鳩が鵬を笑っていった。「我々が勢いよく飛び立って、楡（にれ）の木や檀（まゆみ）の木に止まろうとしても、ときには失敗する。つまり途中で息切れて地面に落ちることがある。9万里も飛び上がり、南に飛び去ることはとんでもないことだ」。近くに行くとき、三度戻ってきて、食事をするならば、空腹を感じないが、100里の旅をするときは、前夜は食べ物を準備するものである。1,000里旅をするときは3か月も前か

ら準備するものだ。小さな蝉や鳩に、大きな鵬のことが分かろうか。小さな知恵は大きな知恵に劣るし、短い寿命は長い寿命に及ばない。どうしてそのことを知るのであろうか。朝に芽を出し、夕方には枯れる茸(きのこ)は、月の始めと終わりを知らない。夏の蝉は春と秋を知らない。これは短命であるからである。楚の南に冥霊という木がある。その木の寿命は大変長く、500年を春とし、500年を秋とする。昔、大椿があり、8000年を春とし、8000年を秋とした。彭祖(ほうそ)は現在長命（700歳）で有名であり、人々は彭祖と同じになろうとするが、悲しいことではないか。（中略）

堯讓天下於許由。曰、日月出矣。而爝火不息。其於光也、不亦難乎。時雨降矣。而猶浸灌。其於澤也、不亦勞乎。夫子立而天下治、而我猶尸之。吾自視缺然。請致天下。許由曰、子治天下、天下既已治也。而我猶代子、吾將爲名乎。名者實之賓也。吾將爲賓乎。鷦鷯巢於深林、不過一枝。偃鼠飮河、不過滿腹、歸休乎君。予無所用天下爲。庖人雖不治庖、尸祝不越樽俎而代之矣。

堯が天下を許由に禅譲しようとした。「太陽や月が出ているとき、いくらかがり火を燃やし続けたとしても、その明かりは不十分であろう。雨が降った後、水をやってもそれは骨折り損であろう。先生が為政者になるならば、天下は治まりますよ。今、私が天下を治めていますが、恥ずかしい限りです。天下を譲りたいのですがどうでしょうか」。「天下はよく治まっていますよ。こんな状態のとき、私が代わって為政者となったならば、実質がなく、名前だけになりますよ。（為政者という）名前は（実際に政治を行う人の）実質の客（形式）だけになってしまう。私は客になりたくない。みそさざえ（小鳥の名前）は森の奥に巣を作るが、小枝で十分であり、ドブ鼠が水を飲むにしても満腹どまりです。つまり私には天下は無用です。お引取りください。料理人が仕事を怠けたとしても、たかしろ（お祭りのとき、神の代理をする人）や祝い（祝詞を読む人）自分の役割を越えて代わりをすることはしないものである」。（中略）

惠子謂莊子曰、吾有大樹。人謂之樗。其木本擁腫而不中繩墨、其小枝卷曲而不中規矩。立之塗、匠者不顧。今、子之言、大而無用。衆所同去也。莊子曰、子獨不見狸狌乎。卑身而伏、以候敖者。東西跳梁、不避高下、中於機辟、死於罔罟。今、夫斄牛、其大若垂天之雲。此能爲大矣、而不能執鼠。今、子有大樹、患其無用、何不樹之於無何有之鄕、廣莫之野、

彷徨乎無爲其側、逍遥乎寝臥其下。不夭斤斧、物無害者。無所可用、
安所困苦哉。
　恵子（恵施）が荘子に「私のところに大木があり、その木の名前は樗（ウルシ科の木）といい、幹には瘤があり、縄墨（大工が線をひくときに使用する道具、つまり墨壺の紐）が使えない。枝は曲がり、定規（曲尺）が使えない。道端に立てておいても大工は目もくれません。あなたの話は大袈裟で、役に立たない。誰もあなたの話に耳をかさないのでは」といいました。これに荘子は次のように応えた。「先生は狸や鼬をご存知でしょう。身を低くし、出歩く動物を待ち、あちこちを歩き回り、高いとか低いとかにかかわりのない動物であるから、罠にかかったり、網にかかってしまう。犛（唐牛＝毛は長く、ごわごわしている）は大きさが天に垂れ込めた雲で、仕事はよくするが、鼠を捕らえることはできません。今、先生のところに大木があり、何の役にも立たないと嘆いていますが、この木を広い野原に植えて、のんびりとその木のそばにいて、その木の下に寝そべることをしないのですか。その木は鉞や斧で命を縮められることはないし、他のものに害されることもないし、利用されることもないから、苦にすることもない」。

第2章　斎物論

（略）

喜怒哀楽、慮嘆變慹、姚佚啓態。樂出虚、蒸成菌、日夜相代乎前、
而莫知其所萌、已乎、已乎。旦暮得此、其所由以生乎。非彼無我。非我無所取。
是亦近矣。而不知其所爲使。

　人の心の動きは、喜怒哀楽、憂慮悲嘆、変転憂鬱、あるいは浮ついたり、放逸になったり、欲情が動いたり、媚態を作ったりする（人にこびる）。このような心の変化は、音楽が空虚な部分からなるように、また茸が地の気があるところから生じるように、自然の変化なのである。夜となく昼となく、さまざまに変化し、現われるがその根は知られない。穿鑿は止めよう。朝な夕な感情が生起するからこそ、我々は生きていく。感情がなければ、私はない。私のないところに感情はない。これは道理に近いが、誰がそのように考えさせのか分からない。（中略）

物無非彼、物無非是。自彼則不見、自知則知之。故曰、彼出於是、是亦因彼。
彼是方生之説也。雖然、方生方死。方死方生。方可方不可。方不可方可。

第7章 『荘子』

因是因非。因非因是。是以聖人不由而照之於天。亦因是也。是亦彼也、
彼亦是也、彼亦一是非、此亦一是非。果且有彼是乎哉、果且無彼是乎哉。
彼是莫得其偶、謂之道樞。樞始得其環中、以應無窮。是亦一無窮。
非亦一無窮也。故曰、莫若以明。

　物には「あれでないもの」、「これでないもの」は存在しない。「あれ」はあれの立場から、あれとしてあらわれない。しかし「これ」が分かれば、「あれ」であることが明確である（つまり相対的であることが理解される）。それゆえ、「あれはこれから出てくるし、これはあれがあるから成り立つ」のである。このことが「あれ」と「これ」の両者が並列するという話である。しかし見方を変えるならば、生じることは死ぬことであり、死ぬことは生じることであり、可は不可であり、不可は可である。是（ここに存在するもの）に拠ることは非（ここに存在しないもの）に拠ることである。非に拠ることは是に拠ることである。このようにこの世の事象はすべて相対的であり、聖人はこの相対性に囚われることなく、天によって考えようとするが、（よく考えるならば、）やはり相対的である。これはあれであり、あれはこれである。したがって、あれも是非であり、これも是非である。果たして絶対的なあれ・これの区別があるのか、またないのか。相対的なあれとこれを越えたものを道樞という。樞（要、真ん中、天子の位、北斗七星の第一星）なれば、環の中心を占め、無限の変化に応じる。このように見るならば、是も無限の変化の中の1つであり、非も無限の変化の中の1つである。「明知を用いることが第一だ」というのである。（中略）

勞神明爲壹、而不知其同也。謂之朝三。何謂朝三。曰、狙公賦芧曰、
朝三而暮四。衆狙皆怒。曰、然則朝四而暮三。衆狙皆悅。名實未虧而喜怒爲用、
亦因是也。是以聖人和之以是非、而休乎天鈞。是之謂兩行。

　すべてを同一化しようと苦心しながら、万事が同一であることが分かっていない。そのことを朝三という。朝三とはどういうことですか。ある猿回しが猿にどんぐりを与えようとして、「朝は3つ、暮れは4つだ」といったところ猿どもは怒った。そこで「それならば、朝は4つで、暮れは3つにしよう」といったら、猿どもは喜んだ。名も実質も変えず、猿回しは猿の喜怒を利用している。これは猿の性に従っている。聖人は是と非を調和させ、自然に従い、物と我との間に身を措くのである。（中略）

天下莫大於秋毫之末、而太山爲小。莫壽乎殤子、而彭祖爲夭。天地與我竝生、而萬物與我爲一。旣已爲一矣、且得有言乎。旣已謂此一矣、且得無言乎。一與言爲二。二與一爲三。自此以往、巧歷不能得。而況其凡乎。故自無適有、以至於三。而況自有適有乎。無適焉因是已。

　世の中で、動物にとって秋に生える毛の先ほど太いものはなく、太山ほど小さいものはない。若くして死んだ者ほど長生きした者はなく、彭祖（700歳）は若死した者である。天地は我々と並び生じ、万物は我と一体となっている。一体であるから何もいえないが、「一」としか表現されないのか。対象の「一」とそれを表現する言葉で２つとなり、２と１とで３となる。これ以後は、数が増えて、計算が得意な人にも計算ができない。凡人ならなおさらだ。無から有になり、３となる。有から有に進むと大きな数なる。ゆえに次から次へと進むわずらわしさを避け、無為自然の道に従うのが一番だ。（中略）

夫道未始有封。言未始有常。爲是而有畛也。請言其畛。有左有右、有論有議、有分有辯、有競有争。此之謂八德。六合之外、聖人存而不論。六合之内、聖人論而不議。春秋經世、先王之志、聖人議而不辯。故分也者、有不分也。辯也者、有不辯也。曰、何也。聖人懷之、衆人辯之以相示也、故曰、辯也者、有不見也。

　道そのものには限界がなく、言葉には恒常性がない。それゆえ、言葉には（表現する）領域がある。言葉の領域のことをいうならば、左・右・論（筋道を述べること）・議（細かいことを述べること）・分（分析すること）・弁（善悪の区別すること）・競（先を争うこと）・争（向かいあって争うこと＝対抗）があり、これは八徳といわれる。聖人は、六合（東西南北と上下）の外のことを筋道を立てて述べることはない。また聖人は、六合の内のことを筋道を立てて述べるが、細かいことを述べることはない。『春秋』（五経の１つ）は、昔の王たちの治世を載せてあり、聖人は細かいことを述べているが、善悪の区別はしていない。それゆえに、分析する者には、分析できない部分があるように、善悪を区別する者には、善悪の区別ができない部分がある。どういうことでしょうか。聖人は万物を心に収めているが、一般の人は理屈を述べて自分を誇示する。理屈を述べて自分を誇示する者には、道が見えていない。（中略）

且吾嘗試問乎汝。民溼寢、則腰疾偏死、鰌然乎哉。木處、則惴慄恂懼、
猨猴然乎哉。三者孰知正處。民食芻豢、麋鹿食薦、蝍且甘帶、鴟鴉嗜鼠。
四者孰知正味。猨、猵狙以爲雌、麋與鹿交、鰌與魚遊。毛嬙・麗姬人之美也。
魚見之深入、鳥見之高飛、麋鹿見之決驟。四者孰知天下之正色哉。自我觀之、
仁義之端、是非之塗、樊然殽亂。吾惡能知其辯。

　君に質問があります。人間は湿地に寝ていると、腰痛となって後に変死してしま
う。鰌(どじょう)もそうでしょうか。人間は木の上ではびくびくするのであるが、猿も同じで
あろうか。この三者のいずれが、自分の正しい居場所を知っているのであろうか。
人間は家畜の肉を食べ、馴鹿(となかい)は草を食べ、百足(むかで)は蛇を食べ、梟(ふくろう)は鼠を好む。この四
者のうち、いずれが正しい味を知っているのであろうか。ある種の猿は別の種の猿
を雌とし、馴鹿は鹿と交わり、鰌は魚と遊ぶ。毛嬙や麗姬(もうしょう・りき)は人々が美人であるとす
る。しかしその人々の姿を見て魚は深いところに隠れ、鳥は空高く飛び去り、鹿は
勢いよく逃げ去る。この四者のうち、いずれが世の美を知っているだろうか。私の
見るところによれば、仁義の端も是非の端も雑然と入り乱れている。私にはその区
別がつきません。(中略)

夢飲酒者、旦而哭泣、夢哭泣者、旦而田獵。方其夢也、不知其夢也。
夢之中又占其夢焉、覺而後知其夢也。且有大覺而後知此大夢也。
而愚者自以爲覺、竊竊然知之。君乎牧乎。固哉。丘也與汝皆夢也。
予謂汝夢亦夢也。是其言也、其名爲弔詭。萬世之後而一遇大聖、知其解者、
是旦暮遇之也。

　夢の中で酒を飲んだ者は、朝に泣き出す。夢の中で泣いた者は、朝に狩猟に出か
ける。夢の中で、それが夢であることに気づかないのである。夢の中で、夢占いを
し、目が覚めてから、それが夢であったと理解する。夢から覚めてこそ、人生は大
きな夢であることが分かる。しかし愚かな者はいつも覚醒しているとして、小賢し
くもすべてが分かっているとする。それで人間を君主とか牧人とかに区別する。
見識がない。私も君も夢を見ている。「君が夢を見ている」という私も夢を見てい
る。このような話を世間では奇妙であるという。しかし、もし後世になって聖人に
出会ったとき、その聖人がこの話を理解できるかどうかは、早朝または日没に人に
遭遇するようなもの(ほとんど人に出会うことがない)です。(中略)

昔者、莊周夢爲蝴蝶。栩栩然蝴蝶也。自喩適志與。不知周也。俄而覺、則蘧蘧然周也、不知周之夢爲蝴蝶與。蝴蝶之夢爲周與。周與蝴蝶、則必有分矣。此之謂者化。

　先日、荘周は蝶になった夢を見た。ひらひらと飛ぶ蝶であった。のびのびしていたが、自分が荘周であることに気づかない。ふと夢が覚めると、自分が荘周であることに気づいた。これは荘周が蝶になった夢を見たのであろうか。それとも蝶が荘周になった夢をみたのであろうか。荘周と蝶とは必ず違いがある。しかし入れ代わりもある。このようなことを物化という。

第3章　養生主

吾生也有涯、而地也無涯。以有涯隨無涯、殆已。已而爲知者、殆而已矣。

　自分の一生には際限があり、しかし知るということには際限がない。際限のあるものによって、際限のないものの後を追っていたら、疲れるだけだ。知を働かせる（獲得しようとする）者は疲れるだけである。

爲善無近名、爲惡無近刑、緣督以爲經、可以保身、可以全生、可以養親、可以盡年。

　善いことを行うときは、世の評判にならないようにし、悪いことをするときは、刑罰に触れないようにする。中（程度）をもって身を治めているならば、身を安全に保ち、性を全う（個性を全面的に出す）する。親を養うことができ、天寿を全うすることができる。

庖丁爲文惠君解牛。手之所觸、肩之所倚、足之所覆、膝之所踦、砉然嚮然。奏刀騞然。莫不中音。合於桑林之舞、乃中經首之會。

　（料理人の）庖丁（戦国時代の魏の国の）君主であった文恵のために牛を解体したときの話である。解体の最中に庖丁の手が触れたところ、肩がよりかかるところ、足が踏むところ、膝のあたるところがぱりぱりと音を立てる。包丁を入れるところ、ばさばさと音を立てる。その音は音楽の音のようであり、舞楽の『桑林』（殷の湯王が桑山で雨乞いするときに使った舞楽）の舞にそっくりで経首（堯が咸池という音楽を作り、経首という詩を作って天帝を祀ったという）のリズムに乗っていたという。

文惠君曰、譆、善哉。技蓋至此乎。庖丁釋刀、對曰、臣之所好者道也。
進乎技矣。始臣之解牛之時、所見無非牛者。三年之後、未嘗見全牛也。
方今之時、臣以神遇、而不以目視。官知止而神欲行。依乎天理、批大郤、
導大窾。因其固然、技經肯綮之未嘗。而況大軱乎。

　君主の文惠は「いや、りっぱなものだ。技もここまでくると」といって褒めた。庖丁は包丁を下においで答えた。「私が好きなものは道でございまして、技は二の次でございます。牛の解体を始めたばかりの頃、私の目に映るのは、牛ばかりであった。それが三年経つと、牛全体を見ることはない。現在は心で見て、目の働きが止むと心が澄んできます。そこで牛の持っている筋に従って隙間に包丁を入れ、大きい穴へと包丁を導くのである。牛の生来の肉体組織に従って包丁を進めるのである。硬い筋にあたることはありません。ましてや大きい骨などには決してあたりません。（略）

第4章　人間世(じんかん)
（略）
且昔者、桀殺關龍逢、紂殺王子比干。是皆脩其身、以下傴拊人之民、
以下拂其上者也。故其君因其脩以擠之。是好名者也。昔者、堯攻叢枝・胥敖、
禹攻有扈。國爲虛厲、身爲刑戮。其用兵不止、其求實無已。是皆求名實者也。
而獨不聞之乎。名實者、聖人之所不能勝也。而況若乎。雖然、若必有以也。
嘗以語我來。

　「昔、桀（夏の最後の王）は關龍逢(かんりゅうほう)（桀の家臣）を殺し、紂（殷の最後の王）は王子の比干(ひかん)（紂王の叔父）を殺した。殺された二人の行いは正しく、臣下の身分でありながら、王の臣民（家来のことをいう）を愛し、臣下の身分でありながら主君の心に逆らった人々である。それゆえ、この二人の主君はこの家来たちのやり方を口実にし、この家来たちを抹殺した。この主君たちは名声を好む者であった。昔、堯は叢枝(そうし)と胥敖(しょうごう)を攻め、禹は有扈(ゆうこ)を攻めた。攻められた国は廃墟となり、人々は殺された。戦争は止むことなく、財は貪られることは止むことはなかった。これら三国（叢枝・胥敖・有扈）は名声と財を求めた国であった。君も聞いていると思うが、名声と財は聖人であっても、これには勝てないものなんだよ」。（中略）

絶迹易、無行地難。爲人使、易以僞、爲天使、難以僞。聞以有翼飛者矣、

未聞以無翼飛者也。聞以有知知者矣、未聞以無知知者也。瞻彼闋者、虛室生白。吉祥止止。夫且不止、是之謂坐馳。

　歩くことを止めることは簡単である。しかし歩くとき地を踏まないことは難しい。人に使われるとき、その人を欺くことは容易であるが、天を欺くことは難しい。翼があるから飛ぶというが、翼がなくとも飛ぶという話は聞いたことがない。知る能力があるから物事を理解するのであるから、知る能力がないにもかかわらず物事を理解するという話は聞いたことがない。何もないところをよく見ると、何も無いがゆえによく見える。幸福は止まるべきところ（静かで空虚）に止まる。止まるところに止まらなければ、これを座馳（心が馳せまわる）という。（中略）

仲尼曰、天下有大戒二。其一命也。其一義也。子之愛親、命也。不可解於心。
臣之事君、義也。無適而非君也。無所逃於天地之間。是之謂大戒。
是以夫事其親者、不擇地而安之。孝之至也、夫事其君者、不擇地而安之、
孝之至也。夫事其君者、不擇事而安之。忠之盛也。自事其心者、
哀樂不易施乎前。知其不可奈何、而安之若命、德之至也。爲人臣子者、
固有所不得已、行事之情而忘其身。何暇至於悅生惡死。夫子其行可矣。

　孔子は次のようにいいました。「世の中には大切な道が２つある。１つは命であり、もう１つは義である。子が親を愛するのは命であり、それを心から解き放つことは不可能である。臣下が君主に仕えることは義務であって、君臣の関係はどこでも同じであり、天と地の間のこの世では逃げるところがない。これは大切な道である。親に仕えるものは、身分の高いとか低いとかにかかわりなく、親を安らかにする。これが最上の孝行です。君に仕えるものは、要務にかかわらず、君のため尽くすことが忠である。自分の心に仕えるものは、哀楽の感情が目には見えず、どうにもならないことを知り、心安らかに命に従う。これが最上の徳である。人の臣下であり、子であることは自分ではどうにもならないことであり、尽くすべき道を尽くし、わが身を度外視する。生を喜び、死を憎む暇があるでしょうか。生死を気にせず出かけたらよいでしょう」。（中略）

孔子適楚。楚狂接輿遊其門曰、鳳兮鳳兮、何如德之衰也。來世不可待、
往世不可追也。天下有道、聖人成焉。天下無道、聖人成焉。方今之時、
僅免刑焉。福輕乎羽、莫之知載、禍重乎地、莫之知避。已乎已乎、臨人以德

殆乎殆乎、畫地而趨。迷陽迷陽、無傷吾行。吾行郤曲、無傷吾足。
山木自寇也、膏火自煎也。桂可食。故伐之。漆可用。故割之。
人皆知有用之用、而莫知無用之用也。

　孔子が楚に行った時、狂接輿が孔子の泊まった宿を、次のように歌いながら通り過ぎた。「鳳よ、鳳よ、なぜお前の徳が衰えたのか。未来は期待できないし、過去は追うことはできない。天下に道があるならば、聖人は偉業をなし、天下に道がないならば、聖人は隠れて暮らす。現在、（聖人＝孔子は）刑罰を免れるのに精一杯だ。幸福は羽より軽い、しかし人々はこれを手に入れることを知らない。禍は大地より重いのに、人々はこのことを知らない。止めよ。止めよ。徳を見せびらかして人と逢うのは。あぶない。あぶない。自分の行くべきところを限定することは。迷陽（用なし）よ、迷陽（用なし）よ、私の旅の邪魔をするな。私の旅は危険を避けている旅だから、私の旅の邪魔をするな。山の木は伐られる運命にあるし、油は燃やされる運命にある。肉桂（加工してニッキをとる）は食用に切り倒される。漆は塗料になるので割かれる。人はみな有用の用は知っているが、無用の用を知らない」。

第5章　徳充符

魯有兀者王駘。從之遊者、與仲尼相若。常季問於仲尼曰、王駘兀者也。
從之遊者、與夫子中分魯。立不教、坐不議、虛而往、實而歸。固有不言之教、
無形而心成者邪。是何人也。仲尼曰、夫子聖人也。丘也直後而未往爾。
丘將以爲師。而況不若丘者乎。奚假魯國。丘將引天下而與從之。

　魯の国に一本足（兀者）の王駘という男がいて、この男に従う者の数は、孔子の弟子の数と同じくらいであった。そこで常季が孔子に質問した。「王駘は一本足であるにもかかわらず、門人の数は先生の門人とで、魯の人々を二分している。あの男は教えることもしないし、議論もしない。何も持たない門弟が彼のところへ行き、帰りには頭を一杯にしている。元来、無言の教えということがある。形がなくても心は立派になるのでしょうか。どんな人でしょうか」。孔子は次のようにいった。「先生（王駘）は聖人です。私がぐずぐずしていてまだお目にかかっていないが、これから教えを仰ごうと思っています。私を含めて彼の教えを仰ぐべきである。魯の人はもちろんのこと、天下の人々を誘って弟子入りするつもりである」。
（中略）

常季曰、何謂也。仲尼曰、自其異者視之、肝膽楚越也。自其同者視之、

萬物皆一也。夫若然者、且不知耳目之所宜、而遊心乎德之和、物視其所一、而不見其所喪。視喪其足、猶遺土也。

　常季は「それはどういうことでしょうか」といいました。孔子が「違う観点から見るならば、肝臓と胆嚢の距離（接している）は楚と越のようなものだ（かなり離れている）。同じという観点から見るならば、万物はすべて同一である。この道理に明るいものは、耳目を喜ばせてくれる美しいものなどを忘れて、心を徳の調和した境地に遊ばせ、物については、同一の点を見て、不完全な点を見なさい。それだからこそ王駘は片足を失うことを、足についた土を払い落とす程度のこととしか考えなかったのである」。（中略）

有人之形、無人之情。有人之形、故羣於人。無人之情、故是非不得於身。眇乎小哉、所以屬於人也。謷乎大哉、獨成其天。
惠子謂莊子曰、人故無情乎。莊子曰、然。惠子曰、人而無情、何以謂之人。莊子曰、道與之貌、天與之形。惡得不謂之人。

　（聖人は）人の形をしているが、人の心を持っていない。人の形をしているので、人の仲間に入り、人の心がないので、事柄の是非はその身から得られない。聖人は人に属しているが、いかにも小さい。しかし天と一体になっている点では大きい。
　惠子（惠施）が莊子に「人には心がもともとないのでしょうか」と尋ねた。莊子はいう。「ありません」。惠子が「人でありながら心がなかったら、何で人というのですか」という。莊子は「道が容貌を与えるし、天が形を与えてくれるから、人といわざるを得ない」と応えた。（略）

第6章　大宗師

知天之所爲、知人之所爲者至矣。知天之所爲者、天而生也。知人之所爲者、以其知之所知、以養其知之所不知。終其天年、而不中道夭者、是知之盛也。

　天のすることを知り、さらに人のすることを知る者は最上の者である。天のすることを知る者は、天の意のまま生きることである。人のすることを知る者は、わが知力が働き、知るということをもって、知ることができなかったところが明確になり、それを確認するのである。何事もなく、途中で挫折することなく、若死にせずに一生を終えたならば、その知は最高であろう。（中略）

第7章 『荘子』 99

且有眞人而後有眞知。何謂眞人。古之眞人、不逆寡、不雄成、不謩士。
若然者、過而弗悔、當而不自得也。若然者、登高不慄、入水不濡、入火不熱。
知之能登假於道也若此。

　それに、真人（道の思想家が言う理想的な人間＝八性、8種の性［カバネ］では
〈マヒト〉と読む）がいてこそ、真なる知がある。どんな人を真人というのであろ
うか。昔の真人は、失敗に逆らうことなく、成功しても驕らず、やるべきことも計
ることなく、このような者は、間違っても後悔せず、うまくいっても自慢すること
はない。このようであるならば、高いところに登っても平気だし、水に入っても濡
れることはないし、火に入っても火傷をしない。知が道に到達するならば、このよ
うになる。（中略）

古之眞人、其寝不夢、其覺無憂。其食不甘、其息深深。眞人之息以踵、
衆人之息以喉。屈服者、其嗌言若哇、其嗜欲深者、其天機浅。

　昔の真人は、寝ているときには夢を見ず、目覚めているときは心配事はない。う
まい物を食べることもなく、呼吸はゆったりしている。真人は踵（腹式？）で呼吸
をするが、一般の人は喉で呼吸する。議論で屈服した者の言葉は、あたかも喉につ
かえた物を吐き出すように、出てくるし、欲の深い者は、心の働きは浅い。

古之眞人不知說生、不知惡死。其出不訢、其入不距。儵然而往、儵然而來而已。
不忌其所始、不求其所終、受而喜之、亡而復之。是之謂不以心捐道、
不以人助天。是之謂眞人。

　昔の真人は、生を喜ぶことも知らず、死を憎むことも知らなかった。生まれたか
らといって喜ぶこともないし、死に行くときになっても嫌がらない。自然に任せ生
きてきたし、自然に任せて生きていく。始めとなるもの（生）を避けず、終わりと
なるもの（死）を求めず、生が授けられれば、素直に受けるし、生を失ってもとへ
戻っていく。取捨の心によって道を捨てることはなく、人の立場から天を助けるこ
ともしない。このようなことをする人間を真人という。（中略）

古之眞人、其狀義而不朋、若不足而不承。與乎其觚而不堅也。
張乎其虛而不華也。邴邴乎其似喜乎。崔乎其不得已乎。滀乎進我色也。
與乎止我德也。廣乎其似世乎。謷乎其未可制也。連乎其似好閉也。

悗乎忘其言也。

　昔の真人は、背丈が高くても崩れることはなく、何かが足りないと見えても、人からの恵みを受け取らない。大きく柔和な様子はいかにもゆったりしているし、飾り気のない様子は、いかにも広々している。ニコニコして、いかにもうれしそうだし、何をするにしても、差し迫って止むを得ずする。潤いのある感じで、人の顔色を明るくしてくれるし、ゆったりしていて、人の心を静かにしてくれる。広々して、いかにも大きな様子だし、奥深くてこちらの思う通りにはできない。切れ目のない様子で、いかにも心を閉ざしているように見えるし、ぼうっとして言葉を忘れた様子である。

死生、命也。其有夜旦之常、天也。人之有所不得與、皆物之情也。
彼特以天爲父、而身猶愛之。而況其卓乎。人特以有君爲愈乎己、
而身猶死之。而況其眞乎。

　人の生死は運命として定められたものであり、昼夜には常があるのが自然である。このような人間にとって関与できないことがあることは、すべては世の実情である。人々は天を父と見なしてこれを敬愛する。優れたものを敬愛することは当然であろう。また人々は君主さえも自分たちより優れたものと考えて、君主のために命を捨てる。まして真実のために命を捨てることは当然であろう。（略）

第7章　應帝王

（略）

南海之帝爲儵、北海之帝爲忽、中央之帝爲渾沌。儵與忽時相與遇於渾沌之地。
渾沌待之甚善。儵與忽謀報渾沌之德。曰、人皆有七竅、以視聽食息。此獨無有。
嘗試鑿之。日鑿一竅、七日而渾沌死。

　南海の帝を儵といい、北海の帝を忽といい、中央の帝を混沌という。儵と忽があるとき混沌のところで出会った。混沌が心からもてなしくれた。そこで儵と忽は混沌にお礼することを相談した。「人には誰にでも穴が7つある。それで見たり、聞いたり、食べたり、息をする。しかし混沌には穴が無い。1つ穴を開けてあげよう」。毎日、1つずつ開けていったら、七日目には混沌が死んでしまった。

3. 批評

　著者が引用した箇所はすべて内篇からのみである。外篇と雑篇からはまったく引用していない。しかし荘子の思想に関する書物でよく引用される箇所が多く含まれている。したがって、著者が引用した箇所を理解していただければ、荘子の思想は理解されるものと思っている。荘子の思想の特色は、孔子の「心の欲するままにして矩を越えず」の境地と同じであるという人がいる。しかし果たしてそうであるかどうかはここで結論を出すことはできない。荘子はいろいろな手段を、つまり孔子とは別の視点から、例えば、斎物論という視点から、また個別的な例を出すことによって、孔子を論駁しようとしている。

道の思想のまとめ

　紀元前5世紀の後半に、ソクラテスがギリシア哲学に大変革をもたらした。ソクラテス以前の哲学の課題はアルケーの究明であった。アルケーとは「始原」と訳されるが、物質でいえば、「原子」、つまりアトムである。アトムとはもうこれ以上分割できないという「物質」であったが、現在では素粒子に相当するものであると思われる。老子によれば、「道」から、つまり「一」から理にしたがって、気が生じ、その気から「二」、つまり陰陽が生じ、「二」から混合物（沖気）、つまり「三」が生成し、「三」から万物が生成した。素粒子が「気」に相当するかどうかは即断できないが、類似したものであることは確かである。人間がホモ・サピエンス・サピエンスといわれる現代においては、人間の思惟能力には差がない。差がないということは、形式または構造に基づいているからであろう。

　「ソクラテスがギリシア哲学に大変革をもたらした」といったが、具体的には哲学の考察の対象を変えたということであって、つまり自然から人間の在り方に変えたということである。西洋哲学を専門としている人には、「中国には哲学はなかった」と主張する人がいるが、それは誤解であって、中国でも自然が考察の対象となったことがある。しかし人間の「在り方」の考察のみが強調され、一般化されたからであると思われる。これは中国の国内事情、特に政治事情に原因があるのであって、決して自然が考察の対象とならなかったということではない。人間は未来のことを考えることができる唯一の動物であるといわれる。そうであるとすれば、真・善・美、つまり自然・在り方・美しさを追求、および考察しないということは不可能である。むしろそれらを追求し考察することは人間の本性であろう。三者の内、どの部分に興味や関心を持つかは

その人の個性であろう。つまり「性即生」である。しかし「性即生」を承認し、その次元にとどまるならば、個性を承認するだけで、普遍性を放棄せざるを得ないのである。中国思想に普遍性が欠如している理由がここにある。この状態を超越するためには、思惟能力における形式性という普遍性を獲得することであった。そのために人類は、古来、様々な方法を採り入れようとして苦闘してきた。その結果、数学や論理学に行きついた。もちろん、中国にも数学も論理学（名家という人々の）もあった。しかしヨーロッパにおけるほど展開または発展しなかった。それが「中国に哲学はなかった」ということの１つの根拠になっているように思われる。中国人は時代を超えて普遍を求めることができなかった。つまり時代の有用性を超えることができなかったのである。著者は、これがヨーロッパにおける哲学と同じ地位を中国では獲得できなかった理由の１つであると思う。しかし残念ながら、数学や論理学は、ヨーロッパにおいても哲学の手段となることさえできなかったことはよく知られている。

　著者が扱った領域は、人間の「在り方」、つまり善を目的とする倫理の領域である。倫理とは共同体における人間の「在り方」を意味する。理とは中国語で内容としての「気」を働かせる形式を意味する。形式（理）があって内容としての「気」が働くとすれば、共同体に「理」（形式があって人間が在るのではなく、人間があって形式があるのであるが、しかし老子に従えば、理に従って気が生じたのである）があって、それに「倫」が従うというのである。「倫」とは「友、ともがら、仲間」を意味して、共同体の内容であり実質である。このことから「倫理」とは共同体の中での人間の「在り方」、つまり形式と内容との一致を意味する。それが「倫理学」となると、さらに一段と飛躍し、共同体の中での人間の「在り方」、つまり形式と内容との一致を探究する学問となる。ここでまた別の問題が生じる。つまり「学問とは何か」ということである。かつて学問とは、人間の生活に役立つことを目的にしてきたが、現代では大部分の「学問は学問のために展開」しているし、させている。しかし倫理学はそれ自体の存在理由、つまり「人間のために存在する」ことを忘れてはならない。

　儒の思想も道の思想も対象は一点に、つまり人間の「在り方」に焦点を合わせている。儒の思想と道の思想とをよく考察してみると、意外と共通点がある

ことに気づくのである。確かに外見的には道の思想は儒の思想を批判し、距離を措いているように見えるのであるが、シャチにイルカが戦いを挑んでいるようにしか見えないのである。つまり哺乳類という共通する種の中で、「私は違うよ」といっているようなものである。中国人の心底にはシャチである儒の思想があり、心の浅いところでイルカ、つまり道の思想が戯れているのである。換言すれば、大人が子供の戯れを微笑しながら傍観しているのである。中国人における儒の思想の広さと深さあるいは人間に対する「信頼」が看取されるのである。

　かつてヨーロッパで「文明論」が流行したことがあった。大多数の文明論は、ヨーロッパ文明または文化の衰退または滅亡を主張した。しかしこれらの悲観論の予言は的中しなかった。確かに悲観論は楽観論よりも、後世になって予測は外れても非難されることはない。悲観論は「1つの警告」として解釈される。そして悲観的予測が的中しなかったならば、人々が安堵感を持つのである。したがって、その責任が問われることはないのである。しかしこれに対して、楽観的予測が的中しなければ、非難されるか、責任が問われるのである。ヨーロッパ人の「文明論」の背後には、人間に対する不信感があるのではないだろうか。言い換えれば、「原罪」とそれ対する報いとしての「最後の審判」があるように思われる。これに対して中国では「国が破れて」も共同体が変わることなく、維持されてきたことを考えるならば、中国人の楽観的視座における人間の永遠性が想像されるのである。

　最後に中国思想が我々日本人に与えた影響について触れておこう。もちろん、著者がいうまでもなく、日本は6世紀の後半から（聖徳太子の「十七条の憲法」の成立は7世紀の初期であり、これは中国文化・文明からの独立を目指したものであったという人がいる）19世紀の中頃までは中国思想および中国文化圏の中にあった。少なくとも明治維新までは、多少の改良があったとはいえ、日本思想および文化は100％中国思想および中国文化圏の中にあった。明治政府が富国強兵政策をとってから、中国思想および中国文化から独立し始めたのであった。当然の結果であるが、現在の日本人は中国思想および中国文化、さらに西洋思想および西洋文化の中に浸っているのである。それ自体悪い

ことではないから、2つの思想と文化の影響からあわてて抜け出す必要もないのである。確かに、現在の日本人は、明治維新以来、ヨーロッパ的合理主義（特に経済において）を追い続けている。もちろん、この方向を追い続けていくのも1つの生き方である。しかしまた、両者の長所を採り入れ、時間をかけて加工し、ゆっくりと身につける、つまり自分の思想と文化を創造するのも1つの生き方である。現在の日本は福沢諭吉の時代のようにあれかこれかと取捨選択（いわゆる「脱亜入欧」）する必要がない。世界における現在の日本の状況を考えるならば、強引に富国強兵政策を採り続ける必要もないのである。

　上で中国思想には普遍性が欠如していると述べた。ヨーロッパには普遍性を支えるキリスト教があったし、現在もある。しかし個を大事しないということではない。むしろ個を大事にするから、普遍を必要とするのである。東アジアには普遍性を支えるものはない。儒の思想も道の思想も、また仏教思想もナショナリズムであり、決してインターナショナリズムにはなれない。この溝をどのようにして乗り越えるかは我々の課題である。この状況の中にあって、30年、50年後の、世界における日本を予想することは難しい。さらに100年後の日本を予想することなどは到底できない。世界は激動する変化の中にあるのである。特にエネルギーの問題は、10年先を読むことさえ難しい問題であり、またその他のことでも先を読むことはが難しい時代である。

あとがき

　本文中でも述べたことですが、本書は大学生の教養の向上を目的として、しかも半期で講義できる程度の内容を目的して書いた本です。最近、日中間の軋轢がいわれています。日中の関係は2000年に及ばないが、かなり長い歴史があります。この年月の中で、日中の関係が良い時も悪い時もありました。日本が「富国強兵」政策をとって以来、日本の方向は変わりましたが、それまでは日本はほとんど一方的に中国の影響を受けてきた。我々日本人が、一生に一回、古代中国の思想を学ぶことは将来必ず役立つものと思います。

2006年2月

著者

■著者紹介

鳥谷部　平四郎　（とりやべ　へいしろう）

姫路獨協大学外国語学部教授　専攻：哲学
1946 年　青森県上北郡七戸町生まれ
1968 年　獨協大学　外国語学部（ドイツ語専攻）卒業
1977 年　東京教育大学大学院博士課程（哲学専攻）修了
1989 年　4 月当大学に就く

著書
『古代ギリシア思想史』（1992）晃洋書房（京都）
『ヨーロッパ　政治思想概説』（2000）大学教育出版（岡山）
『ある生き方　－新しい解釈のないカント理解－』（2002）大学教育出版（岡山）

翻訳
『カントとシラーにおける構想力』（2002）大学教育出版（岡山）

古代中国における儒の思想と道の思想

2006 年 4 月 28 日　初版第 1 刷発行

■著　　者────鳥谷部平四郎
■発 行 者────佐藤　守
■発 行 所────株式会社 大学教育出版
　　　　　　　〒700-0953 岡山市西市 855-4
　　　　　　　電話（086）244-1268　FAX（086）246-0294
■印刷製本────モリモト印刷㈱
■装　　丁────原　美穂

Ⓒ Heyshiro TORIYABE 2006, Printed in Japan
検印省略　　落丁・乱丁本はお取り替えいたします。
無断で本書の一部または全部を複写・複製することを禁じられています。
ISBN4－88730－687－3